华大讲堂
Top Forum of Huaqiao University 2014

主　编/陈庆宗　张禹东　曾　路
副主编/赵小波　王松柏

社会科学文献出版社
SOCIAL SCIENCES ACADEMIC PRESS (CHINA)

第42讲，2014年4月25日，中共中央编译局副局长俞可平主讲"国家治理现代化的若干问题"。图为华侨大学校长向俞可平颁发华侨大学兼职教授聘书并佩戴校徽。

第43讲，2014年5月14日，中国社会科学院工业经济研究所所长黄群慧主讲"新工业革命与我国经济发展战略调整"。图为时任泉州市人大常委会主任陈海基向黄群慧颁发"华大讲堂"主讲嘉宾纪念牌。

第44讲，2014年6月5日，中国社会科学院世界宗教研究所所长卓新平主讲"宗教信仰与文化战略"。图为华侨大学党委书记关一凡向卓新平颁发华侨大学纪念册。

第45讲，2014年7月3日，中国工程院院士金鉴明主讲"绿色发展与生态文明——绿色转型可持续发展模式的探讨"。图为泉州市政协主席杨俊峰向金鉴明颁发"华大讲堂"主讲嘉宾纪念牌。

第46讲,2014年11月13日,清华大学社会科学学院院长李强主讲"依法治国、创新社会治理与全面深化改革"。图为报告会现场。

第47讲,2014年12月17日,交通运输部水运科学研究院副总经济师汤震宇主讲"建设21世纪海上丝绸之路 构筑对外开放新格局"。图为报告会现场

2014年8月22日,"华大讲堂"五周年座谈会在北京举行,领导嘉宾畅谈讲堂未来发展之路。图为国务院侨务办公室副主任任启亮在座谈会上致辞。

主办方华侨大学校长贾益民在"华大讲堂"五周年座谈会上致辞。

主办方中共泉州市委常委、宣传部长、教育工委书记陈庆宗在"华大讲堂"五周年座谈会上致辞。

首讲嘉宾中国社会科学院副院长蔡昉在"华大讲堂"五周年座谈会上致辞。

主办方向主讲嘉宾颁赠"华大讲堂"五周年纪念瓷盘。

图为"华大讲堂"五周年座谈会现场。

前　言

"邀硕彦阐扬新学新知新观念，促校地发展更好更快更和谐。""华大讲堂"是中共泉州市委、泉州市人民政府和华侨大学联袂打造的公益性高端学术文化讲坛，旨在发挥高校学术资源和文化高地的优势，广邀国内外各界各领域的著名学者、专家和高层次人士，为广大干部群众、社会各界人士和学校师生提供新理论、新思想、新观念。

自2009年启动以来，"华大讲堂"已举办47场高水平报告会，一大批博学鸿儒围绕诸多专题和问题进行深度解读。网络、电视、微博的直播，"华大讲堂"系列丛书的出版，让更多的人分享到精彩的报告。

"华大讲堂"的主讲嘉宾有中央党校、中国科学院、中国工程院、中国社会科学院、国家行政学院、清华大学、北京大学、香港科技大学、博鳌亚洲论坛、海峡两岸关系协会、香港政策研究所等智库机构的学者，还有国家发展和改革委员会、交通运输部、中国人民银行、国务院侨办、国务院台办、中央编译局、国务院研究室等部门的官员。他们中有两院院士，有学部委员，有多位曾经为中央政治局集体学习作辅导报告，也有党和政府工作报告、重要文件的起草人，还有来自境外的专家学者。他们的演讲内容涉及政治、经济、社会发展的热点、焦点、难点问题，有广阔的国际视野，有鲜明的时代特色；有深入浅出的理论阐述，又有深入翔实的调研数据；内容充实，分析精辟，而且直面当今中国社会发展的前沿和实践，对理论思考和实际工作都有所指导和启发。

和硕彦面对面交流，与鸿儒零距离对话。在聆听与问答中，激发着思考，深化着认识。"华大讲堂"的持续举办，犹如向底蕴深厚的历史文化名城和多元融合的华侨高等学府引入了一泓灵动的清泉，在广大干部群众和高校师生中兴起了一股愈加浓郁、愈加活跃的学习风潮。

作为集思想性、文化性、公益性、开放性于一体的高端平台，6年来，"华大讲堂"的高端品位经受住了时间的考验，其品牌效应已逐渐形成并得到彰显，品牌影响力和辐射力不断凸显，已经成为大学与城市、高校与地方、侨校与侨乡合作共赢的典型案例和成功模式，赢得了国务院侨办、福建省、著名学术机构、专家学者以及当地社会、学校师生、各界人士的赞誉和高度评价，在福建省以及国内学术文化界

已经有较高的知名度。

国务院侨办与泉州市在签署第四轮共建华侨大学协议时将"华大讲堂"列入共建项目,中共福建省委宣传部将华侨大学确定为福建省"首批省级进基层的示范点",一些地方政府、知名网站都与"华大讲堂"的主办方主动探讨、交流合作事宜,许多国内外的专家表达了对"华大讲堂"的关注和参与意向,中央、省、市各类媒体都进行了持续关注。2014年8月22日,"华大讲堂"五周年座谈会在北京举行,主办方与国务院侨办领导、主讲嘉宾、新闻媒体齐聚一堂,畅谈"华大讲堂"未来发展之路。

面对"一带一路"战略实践,面对高等教育综合改革,面对世情国情侨情省情市情的新变化和新要求,主办方将进一步完善运行机制,创新工作方法,拓宽工作渠道,围绕国家和地方的发展战略需求,不断提升"华大讲堂"的层次和水平,使之成为在国内具有影响、富有魅力、享有美誉并促进学术交流、传播前沿思想、引领社会文化的高端平台。

期待各界朋友继续关注和支持!

让我们共同努力,携手共进!

编 者

2015年4月

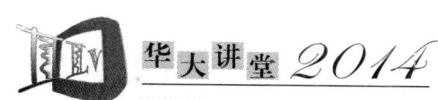

目 录
CONTENTS

国家治理现代化的若干问题……………俞可平 / 3

新工业革命与我国经济发展战略调整……黄群慧 / 29

宗教信仰与文化战略……………卓新平 / 63

绿色发展与生态文明
　　——绿色转型可持续发展模式的探讨
　　……………………………金鉴明 / 105

目 录
CONTENTS

依法治国、创新社会治理与全面深化改革

　　——学习三中、四中全会决定 …… 李　强 / 133

建设 21 世纪海上丝绸之路　构筑对外开放新格局

………………………………………… 汤震宇 / 161

"华大讲堂"五周年座谈会发言实录 ………… / 205

后　记 ………………………………………… / 239

俞可平简介

俞可平 北京大学政治学博士，德国杜伊斯堡大学名誉博士，哲学和政治学双学科博士生导师。现任中共中央编译局副局长、北京大学中国政府创新研究中心主任、清华大学凯风政治发展研究所所长、中央马克思主义理论研究与建设工程"经典作家基本观点"课题首席专家、"中国地方政府创新奖"总负责人，"中国社会创新奖"发起人，兼任北京大学、清华大学等校教授，曾任美国哈佛大学和杜克大学、德国自由大学、英国诺丁汉大学等校客座教授或高级研究员。

主要研究领域：政治哲学、中国政治、比较政治、治理与善治、全球化、公民社会、政府创新，出版发表了大量的论著。

2008年被中国改革研究会等评选为"改革开放30年30名社会人物"，2011年被美国《外交政策》杂志评选为"全球年度百名思想家"，《南方周末》把他称为最耀眼的政治学者。他的很多观点，已经成为海内外观察家关注中国改革，特别是在民主政治改革方面的一个风向标。

国家治理现代化的若干问题

俞可平　　　　2014年4月25日

各位领导，各位朋友，大家下午好！非常高兴这一次来到历史文化名城泉州，和大家交流一下我对于国家治理现代化问题的一些看法。上一次我来泉州是二十多年前，二十年后再来泉州，感觉很不一样，面目一新。

现在，全国上下都在学习贯彻十八届三中全会决定的精神。十八届三中全会有许多亮点，因为它是关于全面深化改革的总体部署，每一个领域、每一个学科都可以从自己的角度从决定里找到亮点。在我看来，最大的亮点之一就是把"发展和完善中国特色社会主义制度，推进国家治理体系和治理能力现代化"作为改革的总目标。

大家如果细心地学习三中全会决定的话，应该会发现有一些重要的概念发生了变化，比如说原来讲"社会管理"，现在讲"社会治理"，过去讲"国家统治"，现在讲"国家治理"。看起来只是术语的变化，其实代表了重大的理念转型。在我们党的领导人的讲话中，这是第一次提出国家治理的现代化。今天我着重从政治学的角度谈一些看法。

一 国家治理体系现代化的重大意义

首先讲一下国家治理体系现代化的重大意义。

第一，国家治理体系和治理能力的现代化是一个全新的政治理念。

"治理"这个词在我们汉语中很早就有了，在日常生活中也经常会用到，我们有一个机构就叫综合治理委员会，简称"综治委"。早在春秋战国的时候，荀子就使用了"治理"这个词。但是日常生活当中讲的"治理"和古人讲的"治理"，跟这次三中全会讲的国家"治理"，虽然是同一个词，却是完全不同的概念。

在学习三中全会决定时，我看到一些学者写的文章，我认为有一些是误解。例如，有一些学者说，"国家治理"这个概念自古有之，这是不对的。自古有的是术语、词汇，不是概念，更不是理念。概念、理念和术语、词汇是不同的。比方说"共和"，我们现在叫"中华人民共和国"，但"共和"这个词在西周就有了，有"共和元年"。这两个"共和"虽是同一个词，却是完全不同的两个概念。我们讲民主，社会主义民主是我们政治发展的目标，社会主义核心价值观里面也有民主，

"民主"这个词古代也有，但恰恰意义是截然相反的。古汉语里面讲的"民主"是民的主人，是君主；现在我们讲的"民主"，是人民当家作主。所以我觉得，三中全会提到国家治理体系的现代化，首先是一个重大的理念创新。

第二，国家治理体系和治理能力的现代化是马克思主义国家理论的重要创新。

我们的指导思想是马克思主义，马克思主义的内容很丰富，国家理论是它的重要内容。在马克思主义的国家理论当中，我们看不到有哪一位经典作家、哪一位重要的理论家谈论过"国家治理"，党的十八届三中全会是第一次提出"国家治理"。

"国家统治"和"国家治理"也是两个非常不同的概念。国家统治的实质是维护阶级利益，国家治理则强调要维护公共利益。马克思主义经典作家大量讲"国家统治"，但没有讲"国家治理"。尽管这样，我认为"国家治理"这个概念是对马克思主义国家理论的重大创新。为什么这么说呢？因为这符合马克思主义与时俱进这样一个品质，而且同马克思主义未来的政治思想完全吻合。

我们正在进行群众路线教育活动，这个活动里有一个重要内容就是要坚定理想信念。我们的理想信念是什么呢？就是实现共产主义。什么是共产主义？马克思有一个界定，其中有一个重要的观点，即马克思认为到共产主义以后国家消亡了。国家消亡是马克思的一个重要观点。有的时候我们会很不理解国家怎么会消亡，国家消亡之后，这个社会怎么管理、社会公共秩序怎么维持？其实马克思讲的国家消亡，只是指国家作为统治的角色随着阶级的消失而消亡。这和翻译有关系。马克思讲国家有三个概念，用英语说即是 nation、country、state，这三个不同的概念翻译成汉语都变成了"国家"。其实马克思讲的国家消亡是讲 state 的消亡，即国家作为一种政治统治工具的机器是要消亡的，并不是说共产主义就不要社会秩序。治理就是在国家消亡以后也是需要的。从这个意义上讲，我们提出国家治理的概念，也是对马克思主义理论的重要创新。

第三，国家治理体系和治理能力的现代化是中国共产党从革命党转向执政党的重要理论标志。

改革开放 35 年来，我们国家发生了翻天覆地的变化，我们的经济迅速发展，年均 GDP 增长率超过 9%，世界舆论认为中国改革开放创造了世界经济史上的奇迹。我们的政治生活、社会生活都发生了巨大的变化，每个人都有体会。是什么原因造成了这个变化呢？最主要的原因，毫无问题，是我们党领导中国人民走上了一条中国特色社会主义道路。

党本身的变化极其重要。从政治学的角度来看，我们党正在从革命党转向执政党。革命党和执政党的概念是政治学中非常重要的概念，并不是说我们一执政就变成了执政党。革命党的逻辑主要是建立政权和巩固政权；执政党的逻辑主要是发展经济，推进民主，不断为自己的长期执政奠定基础。革命党和执政党在指导思想、执政方式、执政基础等各个方面都是非常不一样的。"从革命党向执政党的转型"最早是在江泽民时期提出的，但当时并没有形成广大的共识，甚至有很多的争议。我在一些内部研讨会上，听到过一些很高级别的领导就怀疑这个观点。有些老领导说，我们党执政这么多年，难道现在才算是执政党吗？这又是把术语和概念混淆了。

如果我们比较一下改革开放前后我们党的指导思想和执政方式，

就可以清楚地看到，我们党依然是领导力量，我们也一直坚持马克思主义的指导思想，这个没有变。但大家想过没有，同样是我们党的指导思想马克思主义，过去和现在的变化有多大！过去什么是马克思主义？毛主席有一个经典的定义，毛主席有一句语录讲马克思主义，他说"马克思主义的真理千条万条，归根结底就是一条，造反有理"。如果我们接受的马克思主义是整天去鼓励老百姓造反，社会就乱套了。相反，现在维稳的压力非常大，不时会在网上看到哪个地方的居民因为某个原因，如 PX 项目或者其他的原因上街。

现在我们讲和谐社会。过去我们理解的马克思主义是讲阶级斗争，毛主席关于阶级斗争有很多论述，说"阶级斗争要天天讲、月月讲、年年讲"，"千万不要忘记阶级斗争"，"加强无产阶级专政"。这都被认为是检验一个人是不是马克思主义者的分水岭。列宁说，看一个人是不是马克思主义，主要是看两点，一个是你承认不承认阶级斗争，第二个是你承认不承认无产阶级专政。现在我们党的报告里阶级斗争不提了，不提不等于否认阶级斗争的存在，但至少不是作为重点来提了。党的报告里也不再出现无产阶级专政，只有人民民主，这个变化非常大。

指导思想发生了变化，执政方式也发生了变化。现在我们强调要依法执政、民主执政、科学执政。过去每次搞政治运动，几乎就是无法无天。特别是"文化大革命"期间，全国人民代表大会好几年不开会，法律根本没有作用。我看好多以前对"文化大革命"的回忆是触目惊心的，我当时还小，但已经参与了一些运动，现在想起来，当时是全民疯狂，就是因为根本不讲法律。现在我们一定要讲法律，要吸取教训。

还有，我们过去庆祝党的生日时都会喊一句口号"中国共产党万岁"，觉得共产党执政是天经地义的，没有挑战和疑问。现在领导人却开始讲"中国共产党的执政地位既不是与生俱来的,也不是一劳永逸的"。我们必须要把我们的工作做到让群众满意,得到人民群众的支持,这样才能长期执政,否则执政地位也不见得一定是永久的。革命党向执政党的转变实际上是指导思想、执政理念和执政方式的转变,从国家统治转向国家治理,提出国家治理体系的现代化,就是一个重要的标志。

第四,国家治理体系和治理能力的现代化就是国家治理体系的现代化,实际就是政治现代化。

现在有人将国家治理的现代化视同"第五个现代化",这是对的。以前讲工业、农业、国防、科技的现代化,但这"四个现代化"其实都是器物层面的现代化,而不是制度层面的现代化。事实上,如果没有制度层面的现代化,器物层面的现代化也很难向前推进。现在我们已经到了这个时候,需要推进制度层面的现代化。国家治理的现代化,就是制度的现代化,也可以说是政治现代化。

国家治理现代化的内涵是什么呢?它就是国家制度的现代化,国家治理体系首先就是国家制度体系,制度就是政治上层建筑。所以,中央提出国家治理的现代化是很明智的,可以避免一些无谓的争议。以国家治理现代化的形式,提出第五个现代化,把意识形态上的反对借口给堵住了。国家治理的现代化,就是政治现代化,而且这个现代化才是最重要的。从政治学的角度来看,社会进步中最深刻的进步是政治的进步。因为政治涉及利益的分配,尤其是重大利益的分配,而且政治的进步通过制度的形式,把人类文明进步的成果固定下来,不会因为领寻人的变化而变化。政治的现代化,对中华民族的复兴至关重要。

第五，从统治走向治理，是人类政治发展的普遍趋势。

人类社会的发展是有规律的，无论哪个国家哪个民族再有特色，都得遵循这些规律。你可以看到，在全球化背景下，作为国家统治的政府行为总的来讲越来越少，而治理的行为则越来越多。国家统治带有强制性，基于合法的暴力之上。随着人类社会的进步，按照马克思主义的话来说，国家将会逐渐消亡，按照当代政治学理论来讲，就是统治越来越少，治理越来越多。20世纪90年代，西方一些政治家竞选总统或者首相的时候，有一句流行的口号是"少一些统治，多一些治理"，克林顿和当时的英国首相布莱尔都提过这句话。英文叫"Less government, more governance"。事实上，我认为不仅是西方国家，整个人类都应该是这样，这就是规律。

大家在网上可能看到过一个消息，你们看到的这个消息和我的解读可能不一样。2013年底和2014年初有一个报道，说美国国会没有批准奥巴马总统的预算，所以许多联邦政府部门关门了。我们报道这个消息的时候说美国要完了，资本主义差不多走到尽头了，我们风景这边独好，它却连中央政府都要关门了。

但是，我们想到另外一种解读就会发人深省：美国许多联邦政府机构关门了，这当然不好，但关了几个月以后，整个社会居然还是正常运转。试想一下，如果我国的中央政府关门了，我们会怎么样？这样一想甚至会害怕。另一个像日本，在过去有一段时间里，日本的首相差不多一年换一个。日本首相是日本最高领导人，天皇只是一个象征。一年换一个最高领导人，日本的社会照样可以正常运转。设想一下，如果我们的领导人一年换一个会怎么样？这样一想，就要考虑这些现象背后存在哪些原因。原因其实很简单，就是国家治理的现代化程度不同。

日本和美国这些发达国家，它的国家治理比较现代化、比较成熟，不会因为某个领导人的变化而发生大的变化。领导人的变化对政治生活会有影响，但影响不大。所以美国竞选总统，美国国民去投票，也动员他们去投票，他们很热闹，美国很多老百姓其实并不关心谁当总统。我们很多中国人反而关心美国谁当总统，很多网民网上发起投票预测谁能当总统，因为按照我们的理解，我们觉得这个总统太重要了。

一个国家如果要长治久安，必须建立一套现代国家治理体系，必须推进国家治理体系和治理能力的现代化。从这个意义上来讲，三中全会提出把推进国家治理体系和治理能力现代化作为改革发展的重要目标，这是我们国家长治久安的一个基础，也是我们中华民族复兴必不可少的要素。没有这条，长治久安是做不到的，等下会讲我们国家治理存在的问题，我们必须要有危机感。

二　统治与治理的主要区别

我开头说过，从社会管理到社会治理，从国家统治到国家治理，是重要的理念创新和转变，现在我来解释一下统治和治理的区别。

1. 权威主体不同

统治的权威是单一的，就是国家公共权力，在我们中国包括党和政府，因为我们党政也是核心权力部门。而治理的主体可以是国家公共权力，也可以是社会组织、民间组织、企事业单位、基层社区组织、公民，换言之，治理的主体是多元的。原来我们讲社会管理，现在讲社会治理，按照字面的理解，社会管理就是政府对社会进行管控，原来确实给人这样的印象。让政法委负责社会管理，也确实给人感觉就是对社会进行管控。但是社会管得过来吗？这么多社会事务，政府一家肯定管不过来。我刚刚从厦门来，厦门有一些社会治理做得很好，如"美丽厦门，共同缔造"，就是把居民、社会组织都动员起来，官民共同来治理社会。我去看了一个义工组织，台湾有一些义工也在帮助病人，做志愿工。只有广泛的公民参与，才能营造官民共治的格局。

2. 权威性质不同

统治的性质就是强制，就是暴力，是合法的暴力。政府的行为带有强制性，公民必须服从，不服从可以被依法处理，国家就是合法垄断暴力的工具。治理的行为可以是强制性的，但经常不是强制性的，是自愿的，或者说大量是自愿的。许多社会问题光靠强制解决不了。强制是必需的，没有强制是不行的，但强制的作用是有限的，不是所有事情都要依靠强制。社区的事务光用强制行吗？用强制，有的时候把一个简单的事情弄复杂了，矛盾反而激化。如果换一种手段，大家协商，两相情愿，问题就可能解决了。

3. 权威来源不同

统治权威的来源就是国家的法律，国家法律授权政府应当怎么管制，政府就按照法律的规定去做，违法就要受处罚。政府权威的来源就是法律，法律没有授权，政府是不可以作为的。治理的来源可以是法律，但大量是社会契约，不一定是国家法律。比方说村规民约，比方说自治章程，每个社会组织都有章程，每个村里面都有村规民约，这些不是国家法律，但它们有约束力。按照社会契约对社会事务进行管理，这就叫作治理。有的时候，这种社会契约的效率不见得一定低于国家法律，尤其是在一些基层社会事务当中。

4. 权力运行向度不同

统治和治理的运行方向不同。统治作为一种权力，运行的方向是自上而下的，简单来说就是我命令你服从。治理的方向可以是自上而下的，但更多是平行的，要协商，大家商量着办，双方是平等的，不是居高临下的。比方说我们现在倡导协商民主，但对协商民主就有两种不同的理解。一种就是居高临下地听听意见，政策要出台了，领导开明的话就让大家提提意见。这不是协商民主，至多是咨询民主，这在中国古代皇帝那里早就有了。协商民主是平等的，当我们在协商的时候，主体之间是平等的，都是为了推进国家民主法治，都是为了某一个地方的公共利益。前者属于统治行为，后者就是治理行为。

5. 作用范围不同

治理的范围要远远大于统治的范围。统治的范围就是政府权力能够到达的地方，这就是它的范围。而治理的范围远远超越统治的范围。比如说在国际领域，要是政府的权力超过了国界，我们就说你是霸权。但是我们现在很多事务又需要各个国家来协作，比如说传染病、金融危机、恐怖主义，特别是气候变化，哪一个国家都很难改变这种现状，要彻底改变只能靠全球各个国家共同努力。我们迄今没有世界政府，联合国不是世界政府，所以我们不可能有全球统治。但我们必须要解决这些问题，所以我们可以有全球治理，全球治理又是一个特别重要的概念。

对内也是这样，有一些社会事务，政府不能干预，权力不能无所不及。尤其是经济事务，市场经济中企业是主体，只要企业不犯法，政府不能干预，要是干预了，企业就可以按照相关国家法律进行诉讼。但是企业内部需要治理，所以我们提倡公司治理，但不会说公司统治。总之，治理的范围远远大于统治的范围。

三 现代国家治理体系是什么

下面再来谈一下十八届三中全会讲的现代国家治理体系是什么。三中全会决定提出国家治理体系的现代化，也提出了国家治理能力的现代化，我把它们合在一起叫作国家治理的现代化。

国家治理体系就是规范社会权力运行和维护公共秩序的一系列制度和程序，包括规范行政行为、市场行为和社会行为的一系列制度和程序。政府治理、市场治理和社会治理是现代国家治理体系中三个最重要的次级体系。国家治理体系是一个大体系，在下面有三个次级体系，最重要的就是政府治理、市场治理和社会治理。国家治理体系也是一个制度体系，分别包括国家的行政体制、经济体制和社会体制。

国家治理涉及三个基本问题：谁治理、如何治理、治理得怎么样。这三个基本问题换成另外一个说法就是治理的三大要素，即治理主体、治理机制和治理工具。这三个要素最后的目的就是改善治理效果，治理效果取决于这三个要素。

现在我们讲政府治理现代化。我们怎么推进政府治理现代化？就是要在这三个要素上做文章，第一个就是官员的素质，第二个是政府治理机制，第三个是新技术，现在有很多技术，如移动通信、互联网、信息技术等。这三个要素共同决定着治理的效果。

三中全会提出的目标是推进国家治理现代化，国家治理体系现代化的标准是什么？这个标准非常重要，我们经常讲"掌握话语的主动权"，很重要的一点就是要掌握标准。这个标准由谁制定，谁就掌握了话语主动权。我认为主要的标准有五个。

①制度化，公共权力运行的制度化和规范化；②民主化，公共治理和制度安排必须要保障主权在民或者人民当家作主；③法治，宪法和法律成为公共治理的最高权威；④效率，国家治理体系应当有效维护社会稳定和社会秩序；⑤协调，现代国家治理体系是一个有机的制度系统。刚才讲了三个不同的体系，这三个不同的体系要相互协调，每一个子体系里各个部分要相互协调。在现实生活当中大量的制度是不协调的，协调这个标准对我们来说特别重要。

总的来说，在这些标准中民主是现代国家治理体系的本质特征，它是区别于传统国家治理体系的根本所在，所以现代国家治理也常称为民主治理。为什么说民主是国家治理体系的本质特征？因为现代政治是民主政治，无论哪个国家，至少从形式上和法律上讲，人民当家作主，人民是主体。如果离开这一条标准，传统治理和现代治理就难以分清楚了。比如说在中国历史上有一些时期的治理做得很好，像贞观之治、开元盛世，那些时期都很好，有一些时期甚至夜不闭户、路不拾遗，反而现在我们的防盗门却一道接着一道。但不能说那个时候的国家治理就是现代的国家治理，因为在当时，所有的治理最终都是为了维护封建皇帝的地位、封建王朝的统治。

为什么还要提出国家治理能力的现代化？国家治理体系和治理能力的关系是什么？三中全会决定讲了两个现代化，治理体系和治理能力的现代化。国家治理体系和治理能力简单来说是指一个国家的制度体系和制度执行能力。国家的治理体系和治理能力是一个有机的整体，推进国家治理体系的现代化和增强国家的治理能力，是同一个政治过程中两个相辅相成的方面。只有建立良好的国家治理体系才能提高国家的治理能力，先要有好的制度，才有提高国家治理能力的前提。反过来讲，只有提高国家治理能力，才能充分发挥国家治理体系的效果。如果治理能力不行，再好的制度也是摆设。

四 为什么要推进国家治理体系和治理能力的现代化

（一）原因

从大的方面讲，主要是以下几个原因。

首先，是中国特色社会主义现代化建设和政治发展的必然要求。

改革开放35年来，我们的经济基础发生了重大的变化，人民的物质生活水平提高了，整个社会文化变化了，经济基础变化了，我们的现代化到了一个新的发展阶段。这对政治上层建筑也提出了新的要求，政府也要跟着现代化。这是历史唯物主义的基本原理，经济基础变化了，政治上层建筑也要跟着变化。

现在我们面临的问题和过去不同，改革开放之初，主要任务是发展经济，因为我们那个时候太穷了。现在最主要的问题发生了变化，吃饭已经不是主要问题了。经济发展取得了巨大成就，但是新的问题出现了，财富分配需要公平公正，现实生活中这方面的问题越来越严重。我们做了许多调研，我们现在面临的主要挑战是什么？发展经济，提高人均收入，这依然是重要的，但最突出的主要是两个问题，一个是腐败特权，一个是公平公正，这两个问题合起来就是一个问题：公平公正。因为腐败特权其实也是不公正的问题，你用你的权力获取不正当财富，这就是不公正。怎么实现公平公正？发展经济当然是基础，但最主要的还是要以制度来保障公平公正，这就是国家治理的任务。

其次，这是对改革开放35年来我国现代化建设成功经验的总结。

改革 35 年有许多经验可以总结。我们在现代化建设方面取得了巨大的成就，但是为什么成功？其中很重要的一个原因，是我们对国家治理体系进行了成功的改革。西方的一些学者说中国经济发展了，但政治改革很少，政治变化很小，我们不同意他们的判断。当然，也不是说西方的学者都是故意诬陷我们，根本的原因是评价标准不同。

西方人评价政治有四个标准。第一个是多党竞争。他们认为政治应当有竞争，和市场经济一样有竞争，有没有多党竞争？我们肯定没有，我们的领导人说绝不搞西方的多党竞争，我们要坚持一党长期执政，一党领导。第二个，最高领导人是不是全民普遍直接选举产生？我们不是，我们是党代会产生总书记。第三个，行政、立法、司法的权力是不是相互分立？我们没有，我们还是坚持党的领导，虽然我们的行政、司法、立法有分工，但不是分权。第四，新闻独立和自由。上面四个标准我们都没有采用。但是，如果按照我们自己的标准来看，就会发现政治生活的变化很大，现在自由度比过去大多了，开始推行依法治国，提出了建设服务型政府、责任政府和透明政府的目标等等，这些都是治理的变化。这是我们成功的经验。

再次，是对我国在现代化进程中新的发展阶段所面临的各种严峻挑战的主动回应，是化解现实存在的局部治理危机的根本途径。

（二）存在的问题

一方面我们取得了很大的成功，有很多经验；另一方面，在新的发展阶段，我们又面临着许多严峻的挑战，面对这些挑战，我们要主动回应。我认为，推进国家治理体系和治理能力的现代化就是最好的回应。提出国家治理现代化，有相当强的针对性，一个特别重要的原因就是现在国家治理中有很多问题，虽然这还不是执政危机，但确实有局部的治理危机。

1. 治理体制不完善

首先是治理体制不完善,这个不完善表现在许多方面。一些制度存在缺失,如互联网管理,2013年人大才颁布了相应的法规;有这么多社会组织却到现在还没有社团法,只有国务院的条例。但是我认为要害还不是制度缺失,而是制度不合理、不科学,无法执行,或者说执行不力。举个例子,为什么有这么多贪官?他们天生是贪官吗?我们没有制度吗?都不是!廉政制度法规的数量之多,古今中外都没有。我们廉政的法规有102部,3000多条,你出去吃什么饭都规定好了,四菜一汤。但是效果怎么样?一方面我们的廉政法规越来越多,另一方面腐败官员似乎也越来越多,为什么?很多制度设计本身就是不合理、不科学的,像规定四菜一汤,这种规定都形同虚设。很多规定千篇一律无法执行,明明执行不了,还公布下去非要这样执行,下面就只好造假了。

2. 治理主体失衡

治理主体是多元的,现在好的方面是看到这一点了,社会组织、基层组织、公民都参与到治理当中来了,企事业单位也参与进来了,但党和政府还是太强大了,管得太多了。所以,这次李克强总理在政府工作报告里讲要简政放权。但这有一个前提,放权出来以后要有人接收这个权。谁来接收这个权?如果把这个权放出去,没有人接住这个权,社会秩序就要失控,就会出现管理的真空。这就需要培育社会组织,社会组织是重要的治理主体,现在这个主体太弱了。

3. 治理方式简单

比方说维稳,我们有两种方式,一种是以堵为主的传统维稳,靠强制手段来压制。这就是简单的方式。另一种方式是以疏为主,动态维稳。在我看来,以疏为主,这种稳定才是真正的稳定。现在社会不可能什么事都堵,堵和疏要结合,但一定要以疏为主。以疏为主,对治理者的挑战就大了。例如,政府要有公信力和能力,要按照法律办事,就会有程序的要求。

4. 治理效率偏低,而成本则偏高

我就讲一项,维稳和信访。有一个清华大学的教授发布了一个数据,说我们现在的维稳费用和国防经费差不多,有关部门的领导不同意也不高兴,也确实不好统计有多少维稳成本,但我们感觉到维稳的代价是非常高的。比如说,北京开两会,按道理人大代表和政协委员到北京去就行了,现在不是这样,每次开两会有四批人进北京。第一批是两会代表,跟着是上访的人。第三批是截访的人,一般是两三个人盯着一个人,截访的人比上访的人更多。截访成功了,地方领导很高兴,最后地方领导又去北京慰问那些截访的人,这是第四批人。你说这个代价大不大?现在国家规定了不接受越级上访,我想地方领导会非常高兴,但并不表示事情就解决了。像这种群体性事件,维稳方面的问题,都和国家治理制度直接相关,有一些制度确实不合理。

5. 公众参与不足

有一些事要让公众参与,哪怕参与之后作出的决定对他不利,但是他没有怨言,因为这是他自己参与作出的决定。跟他有关的政策,为什么不听听他的意见?你只要没有私心,让他参与进来多好!我们经常讲决策民主化、科学化、合理化、规范化、制度化,这么多年,为什么有一些政策始终老百姓不满,有一些政策是谁都不满意?我们讲公共政策有四种结果,第一种是最好的,所有利益相关方都从这个

政策中得到好处，大家都说好。第二种是次优，绝大多数的利益相关方都从政策中得到好处。第三种是次劣，绝大多数人的利益受损了，少数人的利益得到了保障。第四种是最劣，所有利益相关方都说这个政策不好。大家想一想，现在身边这种多数说不好的政策有没有？不但有，可能还不少。例如：现在有些卫生医疗政策，医生不高兴，患者不高兴，民众不高兴；有一些教育政策，孩子背着大书包，这么多书，背不动了，推个小推车，也不让玩游戏，小孩不高兴，家长不高兴，老师也不高兴。出现这种情况，政府有关部门一定要反思，如果再不反思，这个政策害处会越来越大。相当一部分政策就是没有让公众参与，没有科学论证，如果真的集思广益，我相信我们总会有办法。如果真的没有办法，大家都参与制定了，大家也没话讲。

还有就是法治程度不高，社会自治缺乏，官民合作程度不够，政府缺乏公信力。我们经常担心政府陷入塔西佗陷阱。塔西佗是一个古罗马的历史学家。古罗马很辉煌，后来也衰落了，在衰落的过程中，有些古罗马皇帝很想有所作为，做一些对老百姓有利的好事。好多政策虽然对老百姓好，但是老百姓照样不相信它，为给老百姓做好事但老百姓不相信他是在为老百姓做好事，学界就把这种现象叫作塔西佗陷阱。现在有一些地区、有一些地方、有一些部门，政府的公信力确实陷入了塔西佗陷阱：你怎么做老百姓都不相信。现在领导干部压力很大，我相信很多官员是努力工作的，但问题很多，首先要在制度上寻找原因。

所有这些问题都对我们的治理提出了严峻的挑战，如果不解决就会产生治理危机，治理危机发展到一定程度，就会变成执政危机。所以，从这个意义上来讲，国家治理体系和治理能力的现代化关系到党的执政地位，也关系到国家的长治久安。

五 如何推进国家治理体系现代化,提高国家治理水平

中央全面深化改革领导小组已经制定了详细的改革要点,大家应当按照中央的要求去做。下面我只讲几点原则性的意见。

第一,进一步解放思想,努力冲破不合时宜的旧观念的束缚。治理体制的改革属于政治改革的范畴,比起其他改革更具有政治敏感性,更容易使人们畏首畏尾,解放思想尤其重要。三中全会决定指出,"实践发展永无止境,解放思想永无止境,改革开放永无止境"。这里所说的"永无止境"不仅指时间的维度,也包括空间的维度。从时间上说,解放思想和改革开放是一个无限的过程;从空间上说,解放思想和改革开放涉及各个领域,包括政治领域,特别是治理领域。判断一种新的思想、观念、制度和政策,应当看它是否有利于国家的富强民主、人民的自由幸福、社会的公平正义,看它是否有利于建设一个富强、民主、文明、和谐的现代化强国。只要是有利于"促进公平正义、增进人民福祉"的新观念和新实践,都值得重视和探索。反之,凡是束缚社会政治进步的体制机制都应当破除。

第二,加强顶层设计,从战略上谋划国家治理体系的现代化。国家的治理体系是一个制度系统,包括政治、经济、社会、文化、生态等各个领域,必须从总体上考虑和规划改革方案,从中央宏观层面加强对治理体制改革的领导和指导。碎片化、短期行为、政出多门以及部门主义和地方主义,是我国现行治理体制和公共政策的致命弱点,它们严重削弱了国家的治理能力。应当加强对国家治理体系现代化的战略研究,分阶段制定国家治理体制改革的路线图和任务表。一方面,要站在国家和民族根本利益的高度,超越部门和地区利益,进行全局性的统筹规划，挣脱既得利益的束缚。另一方面，既不能"头痛医头脚痛医脚"，也不能草率从事，应当广泛讨论，从长计议，避免短期行为。

第三，总结地方治理改革的创新经验，及时将优秀的地方治理创新做法上升为国家制度。改革开放35年来，我们在政府治理和社会治理方面做了大量可贵的探索，积累了许多宝贵的经验。有许多好的治理改革因为没有上升为国家制度而被中止，或者仅在小范围内实施。应当系统地总结各级政府的治理改革经验，及时将成熟的改革创新政策上升为法规制度，从制度上解决政府治理和社会治理改革创新的动力问题。

第四，结合我国的具体国情，学习借鉴国外政府治理和社会治理的先进经验。我们从来都主张要学习人类文明的一切优秀成果，当然包括政治文明的优秀成果。改革开放以来我们在建立现代国家治理体系方面的许多进步和成就，其实也得益于学习外国的先进经验。例如，政策制定过程中的"听证制度"、公共服务中的"一站式服务"、责任政府建设的"政府问责"制度等，都是直接或间接地从西方发达国家引入的。我们应当具有当年邓小平同志引入市场经济那样的胸怀和胆识，站在国家富强、人民幸福和民族复兴的高度，以解放和发展社会生产力、解放和发展社会活力为目标，认清世界发展潮流，立足中国国情，大胆借用人类政治文明的一切优秀成果。

第五，坚决破除阻碍社会进步的体制机制，建立和完善与中国特色社会主义现代化要求相适应的现代国家治理体制。国家治理体系的现代化，最重要的还是体制机制的现代化和人的现代化。有两个基本因素影响着国家治理的水平和效益，即治理者的素质和治理的制度，

这两者都不可或缺。但比较而言，制度更具有根本性，因为制度可以改造人的素质，可以制约治理者的滥权和失职。因此，国家治理体系现代化的关键在于制度的改革和创新，既有"破"又有"立"。一方面，要像全会决定所说的那样，"以促进公平正义、增进人民福祉为出发点和落脚点"，"坚决破除各方面的体制机制弊端"。另一方面，要根据社会发展和人民群众的新要求，健全和完善政府治理和社会治理制度。

第六，破除官本位观念，消除官本位主义流毒。良好的国家治理，制度是决定性的，但治理者的素质也至关重要。就目前我国的实际情况而言，官本位观念和官本位现象是影响治理者素质的重要因素。官本位主义是长期支配我国传统社会的政治文化和政治体制，其实质是官员的权力本位，它与建立在公民权利本位之上的现代政治文明和现代国家治理是格格不入的。改革开放35年来，我国的民主法治取得了重大进步，民主、自由、平等、公正等现代核心政治价值日益深入人心。但不可否认，"有权就有一切"的官本位主义流毒在现实中还大量存在，在一些领域和地方官本位现象甚至有愈演愈烈的趋势。三中全会决定正式把"破除官本位观念"列为改革的重要任务，可谓切中要害。一方面，我们要对广大公民特别是各级党政官员进行民主、自由、平等、公正、法治、和谐等社会主义核心政治价值观的教育，培育公民意识，破除权力崇拜，牢固树立公民权利至上的观念；另一方面，要依靠制度来遏制官本位现象和维护公民权利，在将官员的权力关进制度笼子的同时，用制度来构筑保障公民权利的长城。

决定指出，"到2020年，在重要领域和关键环节改革上取得决定性成果"，"形成系统完备、科学规范、运行有效的制度体系"。换言之，在7年内要初步实现国家治理体系的现代化，其艰巨性可想而知。实现这项艰巨的战略任务，不仅需要坚定的决心、坚强的领导和果断的措施，同样也需要宽广的胸怀、高度的智慧和正确的道路。国家治理体系的现代化必须超越任何组织和群体的局部利益，而以中华民族和全体人民的整体利益和长远利益为着眼点，不仅要集中全党的智慧，还要集中全国人民的智慧；不仅要有政治精英的参与，也要有普通民众的参与；不仅要依靠党组织强大的政治动员能力，更要严格遵循民主执政、依法执政、科学执政的基本方略。

总而言之，只有推进国家治理体系和治理能力的现代化，才能发展和完善中国特色社会主义制度。只有沿着民主法制的道路，才能真正实现国家治理体系的现代化。国家治理体系的现代化进程，不仅在很大程度上反映了社会现代化的程度，也在很大程度上反映了中国民主法治的进程。

以上就是我对国家治理现代化的理解，不到之处，请大家批评，谢谢大家！

互动交流

1. 政党治理在治理体系中的地位如何？改革中的增量空间在哪里？

【听众提问】：

我想问一下，在治理体系中，为什么没有政党治理？你倡导增量改革，在当今中国社会利益冲突非常严重的时候，我们的增量空间在哪里？

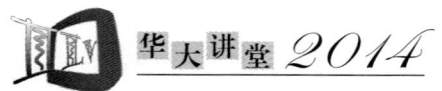

【俞可平】：

第一，政党是现代政治不可或缺的要素，我没有特别提出政党，是因为在中国已有的政治框架下，我们党作为唯一的执政党，行使着国家公共权力，它本身就是国家公共权力。例如，泉州市有市委书记、市长，第一把手是市委书记，不是市长。党在我们中国就是国家公共权力，我在开始时就特别强调了党自身的变化，从革命党转为执政党，对国家治理现代化的重要意义。在中国目前的政治框架下，党自身的现代化从某种意义上讲是决定性的。

第二，增量改革，尤其是增量民主的空间在哪里？我依然坚持认为，以最小的代价取得最好效果的途径，是增量改革，特别是政治领域的增量民主。有一些不同的看法，认为现在增量改革的道路不通了，增量改革空间已经很小了，甚至已经没有了。我不同意这个看法。我认为，一方面增量改革必须有所突破。如果没有更多的突破性改革，既得利益会越来越扩展。突破才能避免突变，如果老是不突破，改革就难以实质性地推进。习近平同志非常清楚地看到这一点，他说现在是啃骨头，骨头要啃下来，一定要突破。如果在一些重点领域能够突破，增量的空间还是相当大的，不是没有空间。比如说基层民主就有许多增量改革空间，我说的基层包括县级政权，不仅仅是乡镇。第二个领域是党内民主，党内民主对中国的政治民主极其重要。在党内民主方面，我们还有很多增量改革的空间。这两个领域做好以后，我们可以进一步带动整个社会的民主，拓展整个社会空间，给民间组织和民众更多的自由空间，让他们发挥更多的作用。简单地说，增量改革现在依然有很多空间，但是我特别强调一点，如果在一些关键领域不突破，裹足不前的话，增量改革空间会越来越小。

2. 治理代价偏高是因为制度存在问题，还是行政机关执法不力造成的？

【听众提问】：

刚刚您讲到国家治理的代价偏高，可能是制度存在问题，我对这一点存在疑问。比如说现在老百姓对司法审判的结果不服，去信访，有的转化为集体闹事，但现在行政机关处理这些违法的问题，存在一种为了稳定压倒一切的倾向，就一味地"亲民"，对个人极端行为采取经济万能的思维方式，我给你一些钱，你就不要闹了。您认为像这种现象是制度存在问题，还是行政机关的执法不力造成的代价偏高？

【俞可平】：

我理解你的意思，事实上这个问题更加说明它是制度的问题。比如上访或者无理取闹的民众，政府要跟他让步，给他一点补偿，息事宁人，为什么产生这样奇怪的逻辑？因为有个更大的制度存在着问题，这就是维稳制度和政治责任制度。我们有一个制度叫作一票否决制，就是说这个地方如果出现了群体性事件，或者信访超过多少次，其他做得多好都不行，一票否决。一票否决制对领导来说是非常重要的制度，这事关他的政治前途。维稳当然非常重要，但我们通过简单的堵的办法，代价是越来越大。一票否决制也是一种责任制，但我觉得这种责任制非常不合理。在这种制度下，地方官员为了保持政绩，就想尽一切办法，哪怕是给一些钱，用一些不正当的手段，以致出现了奇怪的政治逻辑，叫作"小闹小解决，不闹不解决，大闹大解决"。说到底，这种现象的出现依然是制度的问题，有更大的不合理制度框着小制度，即使你想严格按照小制度去做，但大制度却不容许你这样做。

我讲一个故事，我有一年到德国作演讲，他们说你们中国的官员没有问责制，我们当时还没有问责制，问责制在西方国家非常重要。他们说中国官员没有问责制，我就说我们有，我们有一票否决制，我们比你们厉害。我用英文讲，他们死活听不懂，我就请团队里的专家用德文解释，结果他们还是听不懂。最后才发现，在他们德国人的思维方式里，这简直不可思议：怎么可以因为做错一件事就把一个人的政绩全部否定了？他们压根就没有想到那里去。

黄群慧简介

黄群慧 中国社会科学院工业经济研究所所长、研究员、博士生导师，《中国工业经济》主编、《经济管理》主编，兼任中国企业管理研究会副会长、常务副理事长，中国社会科学院中小企业研究中心理事长，中国社会科学院经济学部企业社会责任研究中心常务副理事长。2009年享受国务院颁发的政府特殊津贴，2013年入选"百千万人才工程"国家级人选，荣获"国家级有突出贡献的中青年专家"称号。主要研究领域为产业经济与企业管理，曾主持国家社科基金重大项目、中国社会科学院重大项目等多项。

迄今为止，已在《中国社会科学》《经济研究》等学术刊物和《人民日报》《光明日报》等报纸公开发表论文二百余篇，独立撰写、参与撰写著作二十余部，代表作有《中国工业化进程报告》《中国工业化与工业现代化问题研究》《中国工业化进程与安全生产》《企业家激动约束与国有企业改革》《中国管理学发展研究报告》《管理科学化与管理学方法论》等等。其成果曾获第十二届孙冶方经济科学奖、第二届蒋一苇企业改革与发展学术基金优秀专著奖、第三届蒋一苇企业改革与发展学术基金优秀论文奖、第十四届国家图书奖、第四届"三个一百"原创图书奖、中国社会科学院优秀科研成果二等奖和三等奖等。

新工业革命与我国经济发展战略调整

黄群慧　　　　2014年5月14日

　　尊敬的泉州市各位领导，尊敬的贾校长，各位老师和同学，大家下午好！很高兴今天有机会来到"华大讲堂"，刚才已经接受了聘书，我也就成了贾校长的部下，就是自己人了。今天非常荣幸有这个机会介绍我们最近的研究成果，有不当的地方也请大家批评指正。

　　今天给大家汇报的题目是"新工业革命与我国经济发展战略调整"，之所以给大家汇报这个题目，是因为自从金融危机之后，世界的经济格局发生了很大的变化，尤其是一些发达国家纷纷采取了一些新的经济发展战略，而这种战略背后有一个大的技术背景，就是新工业革命。我们一般谈经济发展，除了有制度因素外，还有一个重大的变化因素就是技术因素。我们研究经济学经常有两派，一个是制度经济学派，经常研究制度的变革，另外一派是关于技术方面，有时候研究经济学的人往往忽视技术变化给整个经济活动带来的大背景变化。当然技术的变革本身并不是突然一夜之间发生的，但新工业革命的提法是最近几年才盛行的，它的发展有一个比较漫长的演进历程。

　　因为时间问题，我主要汇报三方面的内容。第一，新工业革命：世界工业化新趋势及其影响，新工业革命要放到世界工业化的背景下进行探讨。第二，新工业革命背景下的工业大国国情。新工业革命在世界背景下中国是什么样的状况，我们怎么判断中国的经济国情，我们可以从不同的角度谈经济国情，我们是一个人口大国，其他各个方面都可以这么说，包括地大物博等等，但这里是从产业角度来谈，谈一个新工业革命背景下的工业大国的国情。其实我来之前看到了泉州市的一些资料，因为第一次来泉州，并不是很了解泉州，但是从资料上看泉州是一个工业大市，因为第二产业占的比例非常高。其实从某个角度看，泉州从产业角度来看恰恰是中国的缩影，但中国本身产业结构的演变从高级化程度来看，可能进程更快一点，而泉州现在仍然是一个工业大市，这也是一个基本的市情。在这种基本国情下，又面临新工业革命的挑战，那我们国家的经济发展战略应该有什么样的调整？这就是要谈的第三个方面，新工业革命背景下的中国经济发展战略调整。

一 世界工业化进程的新趋势

因为我们知道工业化本身并不是一个新的概念,任何一个国家和地区,尤其是一个大的地区,想实现现代化,必须走工业化道路。如果是一个小地区,不走工业化道路倒也没有关系,因为可以通过其他服务业或旅游业,或单纯通过能源(如卖石油),人均GDP也会很高,但是对一个大的国家或地区来说必须走工业化道路。所谓的工业化,是指一国或地区的经济结构由农业占统治地位向工业占统治地位转变的经济发展过程,也被认为是一个国家或地区的经济现代化进程。从世界范围看,人类社会总体上仍处于工业化进程中。这一过程已经进行了近300年,但是,完全进入工业化社会的国家或地区只有33个,人口也只占世界总人口的20%多。这里有一个表(见表1),基本上罗列了1970年以前、1970年代、1980年代、1990年代、2000~2010年步入工业化行列的国家或地区。其标准基本上按人均GDP达到1万美元以上,而这还是1995年的美元标准。国际比较非常麻烦,需要明确两点:一是折算成美元比较时,美元币值会随时间变化而变化;二是存在不同的折算方法,要明确是按照汇率直接折算,还是用购买力平价

表1 进入工业社会的国家或地区

	1970年前	1970年代	1980年代	1990年代	2000~2010年
国家或地区	卢森堡、挪威、日本、美国、冰岛、瑞典、丹麦、英国、芬兰、奥地利、荷兰、加拿大、德国、比利时、法国、巴哈马群岛	以色列(1971)、意大利(1973)、香港(1978)	爱尔兰(1980)、新加坡(1981)、澳门(1982)、西班牙(1987)、塞浦路斯(1989)	韩国(1996)、希腊(1996)、安提瓜和巴布达(1997)、葡萄牙(1997)	斯洛文尼亚(2000)、马耳他(2000)、特立尼达和多巴哥(2006)、阿根廷(2008)

注:括号中的数字是人均GDP达到9910美元(2005年不变价美元)的时间。
资料来源:根据世界银行数据库数据整理。

法（PPP）计算。一般而言，按PPP折算会高估我国的经济发展水平，但如果按汇率直接折算会低估我国的经济发展水平。这里的问题比较多，没时间展开说了。

到国际金融危机之后有一个新的趋势，那些已经实现工业化的国家，像英美老牌发达国家，纷纷开始实施所谓的"再工业化"战略。我们一般的理解是，实现工业化的国家是以服务业为主导的，不再过于依靠制造业，但是国际金融危机之后，它们认识到以制造业为主体的实体经济的战略意义，开始实施"再工业化"战略。"再工业化"主要的变化来自两个领域：第一个领域就是能源领域，第二个领域就是信息化领域。能源领域有重大的突破，包括能源互联网、页岩气开发等，而现在大家公认的，真正的工业革命不是在能源领域，而是在信息化领域——制造业的数字化、智能化突破，这对世界未来的竞争格局影响非常深刻和广泛。

国际金融危机之后，发达国家慢慢认识到制造业对国民经济的贡献并不主要体现在第二产业所占的比例，因为现在发达国家服务业的比例达到70%~80%，但是第二产业往往就是20%~30%，像韩国会高一点，德国会高一点，但是美国、英国会低一点，这并不意味着这个比例的重要性程度。制造业的价值体现在什么地方呢？制造业对于国民经济的贡献主要不是体现为制造业直接创造的价值或制造业在国民经济中的比重，而是体现为制造业所蕴含的生产性知识的复杂性。2012年美国哈佛大学与麻省理工学院（MIT）合作研究得出一个结论，这个结论很好地支持了刚才提到的观点。能够解释一个国家长期的收入差异最好的经济指标是什么？研究表明，不是GDP，也不是劳动生产率，而是生产性部门所生产产品复杂性的能力。在过去60多年间，由生产性部门产品复杂性所反映的一国生产性能力是所有预测性经济指标中能够最好地解释国家长期增长前景的指标,国家间的生产性能力差异能够解释国家间收入差异的至少70%。制造业中的专用设备、仪器仪表、医疗器械、化学工业和数控机床等制造业是生产性部门中产品复杂度最高的行业。虽然制造业在发达市场经济国家经济总量中的比重不断下降,但制造业本身所蕴含的生产能力和知识积累却是关系一国经济长期发展绩效的关键。制造业对于国民经济的意义,不仅仅在于该部门直接创造了多少经济价值,更体现在它对于国民经济长期增长的驱动作用。

基于这种认识,美国、日本、德国这些已经实现工业化的国家,纷纷回过头来开始重新制定所谓的制造业发展战略规划。这里有一个表(见表2),描述了美国、德国、日本政府推动制造业发展的主要战略规划与政策措施。美国制造业的行动计划,包括先进制造伙伴关系计划、材料基金组计划等等,其战略目标、思路、具体措施都非常详细,而且现在正在积极推进。

表2 美国、日本、德国的制造业发展战略规划与政策措施

国家	主要优势领域	政府推动发展的主要战略规划、政策措施
美国	信息技术、生物技术、新材料、新能源、汽车等	"先进技术计划""先进制造技术计划""先进制造伙伴(Advanced Manufacturing Partnership,AMP)计划""下一代制造——行动框架""国家信息基础设施(NII)计划""集成制造技术路线图计划""鼓励制造业创新"等
日本	汽车、信息家电、机床、机器人、新材料、纳米技术、燃料电池等	"科学技术创造立国""制造业基础技术振兴基本法""新产业创造环境调整计划""智能制造系统计划""极限作业机器人研究计划""新产业创造战略""面向光辉日本的新成长战略""制造技术国家战略展望""技术创新25法"等
德国	机械制造、电子、汽车、化工等	"制造技术2000年框架方案""2000年度德国综合技术创新能力报告""微系统2000计划""面向未来的生产""德国21世纪信息社会行动计划""欧盟信息高速公路""欧盟框架计划""国家电动汽车发展计划"等

面对发达国家的"再工业化"战略,我国作为工业化进程中的国家(我们的评价是刚刚步入工业化后期),自己的工业化战略是否和已经实现工业化的国家的"再工业化"战略一样呢?或者说,在这种情况下,我们如何发展制造业呢?以重振制造业和大力发展实体经济为核心的再工业化战略,并不是简单地提高制造业产值比例,而是通过现代信息技术与制造业融合、制造与服务的融合来提升复杂产品的制造能力以及制造业快速满足消费者个性化需求的能力。这种制造业信息化与制造业服务化的趋势使得制造业重新获得竞争优势。金融危机后,随着制造业发展受到重视,在政府的大力推动下,制造业信息化和制造业服务化成为世界工业化进程的两个重要趋势。在制造业信息化和制造业服务化的大趋势下,如果我们国家停留在以前的制造业发展思路上,那么我国和发达国家的竞争是不在一个档次的。我们必须把握工业化的这两大趋势,及时调整自己的工业化战略。因为后面要详细展开谈制造业信息化(新工业革命),这里先简单介绍制造业的服务化。

1. 制造业服务化及其影响

我们都知道经济学谈到经济效率提高的基础是分工,分工是效率的基础,从最经典的《国富论》就已经提到。一直以来,经济发展使产业分工愈来愈细,大产业分工到小产业,小产业分工到具体环节,企业又具体到某一个环节,所以制造业专门做制造业,服务业专门做服务业,但是到现在情况慢慢已经改变了,制造业和服务业逐步融合到一起。制造业服务化是指企业以顾客为中心,提供更加完整的"包"(bundles),包括物品、服务、支持、自我服务和知识等,即制造业服务化是制造企业的角色由物品提供者向服务提供者转变。产出服务化的演进包括四个阶段,即物品→物品和附加服务→物品服务包→基于物品的服务或功能。也就是说，制造业服务化是制造企业的角色由物品提供商向服务提供商一个大的转变，就是说服务业和制造业开始是分离的，但是发展到现在又开始整合。在最初阶段制造商制造出来的东西卖给批发商或者分销商、零售商，最后卖到顾客手里，这是以前的产业链分工；然后是逐渐融合，制造商通过一个服务中介，如汽车租赁中介、汽车销售中介直接对接顾客；接下来是服务部门和制造部门又进一步地融合，一起直接一体化给顾客提供服务。未来的趋势是，制造部门和服务部门成为一个联合实体，成为一个整体，这个整体给顾客提供的是整体服务契约，这时已经很难区分一家企业是制造商还是服务商。比如，在手机行业，像iPhone、三星，很难说完全是制造业企业，因为它们的核心是提供手机内容服务，尤其是智能手机，本身手机制造业成本占的比例很小，所以是一个整体的联合实体给你提供一个完整的服务契约。这种融合趋势也越来越多，下面有一个资料（见表3）。

表3 全球上市公司制造企业提供服务类型

单位：%

	服务种类	2009年	2007年
1	设计和研发服务	23.21	21.92
2	系统解决方案	15.92	15.70
3	零售和分销服务	12.33	11.94
4	维修和支持服务	12.14	12.18
5	安装和运行服务	5.35	5.10
6	金融服务	4.89	3.83
7	财产和房地产服务	3.80	3.89
8	咨询服务	3.37	2.69
9	外包和经营服务	2.06	1.07
10	采购服务	1.46	1.68
11	租赁服务	1.18	1.15
12	运输服务	0.19	0.20

从表3中可以看出，全球上市制造业公司所提供的服务类型及其从2007年到2009年的变化，这些制造业上市公司提供的服务内容日益增多，包括设计、研发、系统解决方案、零售、金融服务、财产、房地产、外包、采购、租赁等等，而且业务比例越来越多，有各种服务种类，这些数据都是从上市公司年报里挖掘的。像美国、芬兰这些国家，它的制造业上市公司服务业占比非常大，占了50%、60%，虽然是叫制造业，但其实提供的服务占50%、60%，不再是单纯卖产品。相比来说，我国制造业上市公司服务业产出比重要低得多。

制造业服务化的趋势，在未来我国产业政策方向选择上，有一个重要的启示，那就是产业结构升级的方向从单纯提升服务业比例向促进制造业和生产性服务业相互增强发展转变，这一点对于工业大市泉州也是适用的。过去有关我国产业结构问题的政策辩论，常常围绕"工业比重是否太高、服务业比重是否太低"展开。由工业产品复杂性所反映的一国制造业能力是一国经济长期稳定发展的关键，产业结构调整方向不能一味地强调提升服务业所占比例，单纯从统计意义上的产业比重角度来判断产业结构的合理性是不合适的。制造业服务化的发展趋势不仅指出了这种非此即彼式思路的狭隘性，而且现实地指示出产业结构从以制造业为主向以服务业为主转换的核心是制造业与生产性服务业的相互促进发展。我国未来的工业化将在相当长时期内保持这种制造业和生产性服务业相互增强发展的局面。

2. 第三次工业革命

"第三次工业革命"的核心是制造业信息化，也就是上述制造业的第二大趋势。"第三次工业革命"的提法在2011年后逐步引入我国，在社会上有三个文献在我国影响很大。第一个文献是2012年1月11日《华盛顿邮报》的一篇文章,题目是《为什么中国开始担心自己的制造业》,文章认为中国的制造业这些年长期以来发展很快,是依靠劳动力低成本竞争战略发展的,现在中国开始担心自己的制造业,是因为三项新技术的突破和广泛采用,这三项新技术主要是人工智能、机器人和数字制造,这些新的技术极大地提高了发达国家的制造业竞争力。既然中国劳动力成本低是竞争优势,但是由于新技术的普及,发达国家制造业不需要那么多劳动力,直接用机器替代劳动力,在这种情况下,其竞争优势就培养出来了。第二个文献是英国《经济学人》专门有一期以"第三次工业革命"为主题的文章探讨制造业信息化。第三个是里夫金的《第三次工业革命》,我国中译本销量很大。这里需要说明的是,里夫金在该书中所说的"第三次工业革命"和上面两个文献所提及的"第三次工业革命"是不一样的,里夫金强调的是能源互联网,而这里强调制造业信息化。

怎么划分三次工业革命?这里有一个简单的表(见表4)。

表4 三次工业革命的划分

分类标志 三次 工业革命	能源	原材料	信息沟通	交通及基础设施	通用技术	制造范式
第一次 工业革命	煤炭	熟铁	通信、印制品	蒸汽轮、火车、运河、铁路	蒸汽机(蒸汽时代)	单件小批机械制造
第二次 工业革命	石油与电力	钢铁	电话电报	汽车、飞机,高速公路、机场、港口	电动机(电气时代)	大批量流水线制造
第三次 工业革命	新能源	复合材料、纳米材料	互联网	新能源汽车、信息网络	计算机(信息时代)	个性化的数字制造、智能制造

从表4中看出，如果仅按通用技术划分的话，第一次工业革命就是经常提到的蒸汽机时代的蒸汽革命，第二次工业革命就是电气时代，第三次工业革命就是信息化的信息时代。这需要说明一点，在20世纪八九十年代曾经有一本书叫《第三次浪潮》，影响很大，提到"第三次科技革命"，但"第三次科技革命"和"第三次工业革命"不是一个概念，科技革命只是科学和技术的革命，而工业革命是把科学和技术已经普遍应用到制造业，应用到工业以后的变化，所以情况不太一样。科技革命有不同的划分，甚至有人的划分现在已经是第六次科技革命，但是工业革命一般认为就是这三次。现在德国有一个新提法叫工业革命4.0版，工业革命经历过1.0到2.0到3.0到4.0，18世纪引入机械制造设备为工业1.0，20世纪初的电气化为工业2.0，20世纪70年代大规模、大批量的简单化生产模式为工业3.0。随着信息技术与工业技术的高度融合，资源、信息、物品和人相互关联的"虚拟网络—实体物理系统（Cyber-Physical System，CPS）"，德国人称其为"工业4.0"，这和"第三次工业革命"的内涵是一样的。做工业研究的，一般关注的是制造范式的变化。作为制造范式，三次工业革命有哪些变化？"第一次工业革命"是单件小批量的机械制造；"第二次工业革命"是大批量的流水线制造，到现在绝大部分工业制造范式还是流水线制造；"第三次工业革命"强调的是个性化的数字制造，主要是数字机床、智能制造、机器人等等，这种革命满足的是个性化需求。大批量流水线制造是低成本、高质量，但每个人消费的东西是一样的，品种缺少变化，而个性化制造是每个人都有不同的品种，主要是基于数字制造，只有柔性生产流水线才可以满足个性化的需求。为什么叫"第三次工业革命"而不仅仅说是"第三次科技革命"？因为不仅仅是信息技术的革命,而是信息技术已经广泛应用到工业制造领域中。2013年麦肯锡全球研究机构曾经给出了12种改变未来世界的颠覆性技术,包括移动互联网、知识型工作自动化、物联网、云计算技术、先进机器人、自动或半自动交通工具、基因组计划、能量储存、3D打印、先进材料、先进油田勘探开采技术、可再生能源等,估算到2025年这些颠覆性技术潜在的影响有17万亿到40万亿美元,相当于100万亿元~200万亿元人民币。其中移动互联网、知识型工作自动化、物联网、云计算、自动或半自动交通工具、3D打印等,这些都和制造业信息化紧密结合。《华尔街日报》2012年也曾提出三大技术变革,大数据时代、智能化生产和无线网络革命,这三个恰恰是信息化发展的结果。

"第三次工业革命"怎么界定?我们认为"第三次工业革命"不能仅仅被理解为由3D打印、计算机模拟等个别新的制造技术和设备的出现和应用引起的突变,其实质是一个内涵丰富的、多层次的、已经发生突破但仍处于演进中的工业系统变革。什么是整个工业系统的变革?至少是三个层次的技术突破,基层是高效能运算、超级宽带、激光黏合、新材料,这是基础技术;第二个层次是人工智能、数字制造、工业机器人、3D打印,这些是核心的制造技术的层次;最高层次叫作柔性制造系统或者可重构生产系统,整个生产体系都可以生产出来,甚至你可以给我设计,设计完给你生产。信息化时代开始于20世纪50年代,但只有到现在,2010年前后,提"第三次工业革命"才是合适的,关键还是因为成本问题,信息成本不断降低,可以在制造领域里进行大规模的应用和推广。具体举一个例子,大家也亲身体验到了,1992年我们用数据存储的时候,1M数据存储和传输成本分别是569美元和222美元,但是到2010年以后,1M数据的存储和传输成本分别为0.06

美元和 0.13 美元。现在一个小小的 U 盘都是 10 个 G，以前一个 G 就需要一个特别大的硬盘，这从一个侧面说明现在信息技术日益成熟。

"第三次工业革命"的核心技术有四项。第一是数字制造。数字制造技术是指通过对制造过程进行数字化描述来完成产品设计和制造的过程，该技术以制造过程的知识融合为基础、以数字化建模仿真与优化为特征，在虚拟现实、计算机网络、快速原型、数据库和多媒体等技术的支持下，根据用户的需求，迅速收集资源信息，然后分析、规划和重组，实现对产品设计和功能的仿真以及原型制造，进而快速生产出达到用户要求性能的产品。数字制造的特点是设计可视化、制造清晰化、营销精准化，也就是说产品设计的时候你可以看到，通过计算机设计，制造过程也很清晰，而精准化营销是针对顾客的需要去生产。

第二是人工智能。人工智能也称机器智能，最初在 1956 年美国达特茅斯学院学会上提出，经过几十年的发展，人工智能已成为一个包括分布式人工智能与多智能主体系统、人工思维模型、知识系统、知识发现与数据挖掘、遗传与演化计算、人工智能应用等在内的庞杂知识和技术体系。如今，该技术正被不断应用于生产制造行业，成为实现生产制造知识化、自动化、柔性化和对市场快速反应的关键技术，使传统制造转型升级为"智能制造"。其优势是能够实现制造过程的自行决策、自行维护、自行学习、自行组织。人工智能到现在发展到什么程度？未来会发展到什么程度？2012 年 11 月 14 日，在美国犹他州盐湖城的超级计算大会上，IBM 的计算机专家提交了一份标题是《1014》的报告。报告所描述的研究被媒体称为"认知计算的里程碑"，使用了世界上运算速度最快的 96 台计算机，研究人员制造出了包含 5300 亿个神经元（接收信号并处理信息）和 100 万亿个突触（学习和记忆）的人造"大脑"。这是迄今为止对大脑最大规模的模拟。甚至有人预测，2029 年计算机可以通过图灵测试。图灵是计算机专家，图灵曾经提出一个设想，假如一个人考察另外一个机器人的对话，通过对话来判断跟你谈话的是人还是机器人，在人们无法区分与你谈话的是人还是机器人的时候，机器人就达到了人的智能水平。为什么人们会对人工智能有信心？还是我们说的计算机的运行速度在发展，像 1997 年击败世界象棋冠军的深蓝，这在现在已经不算什么了，有人基于这一点，曾经预测说真正的"第三次工业革命"的实现应该是 2030 年前后，而不是现在。包括中国工程院也这样认为，中国制造业信息化的目标是到 2020 年实现制造业数字化一代，到 2030 年实现制造业智能化一代。

第三是工业机器人。所谓智能化最核心的就是体现在机器人上。工业机器人是集机械、电子、控制、计算机、传感器、人工智能等多学科先进技术于一体的现代制造业重要的自动化装备。自从 1962 年美国研制出世界上第一台工业机器人以来，机器人技术及其产品发展很快，已成为柔性制造系统（FMS）、自动化工厂（FA）、计算机集成制造系统（CIMS）的自动化工具。现在，在工业发达国家中，工业机器人已经广泛应用于汽车及汽车零部件制造业、机械加工行业、电子电气行业、橡胶及塑料工业、食品工业、物流等诸多领域中，其优势主要表现为提高生产效率，改善劳动条件，具有自适应和感知能力。进入 21 世纪后，我国工业机器人市场开始迅速增长，2000~2012 年每年新增安装量复合增速为 42.6%，截止到 2012 年底，累计安装工业机器人超过 10 万台。

第四是"第三次工业革命"最有标志性的、提得最多的、新闻上

总在报道的3D打印技术。严格来说3D打印技术是叫添加制造技术或者增量制造技术。因为以前我们制造业的技术，首先要铸造出铸件，然后切削组装成配件和机器，属于减量制造。但是3D打印则改变了整个制造过程，这项技术是通过利用RAPID PROTOTYPING（简称RP技术，是现代CAD/CAM技术、激光技术、计算机数控技术、精密伺服驱动技术以及新材料技术的集成，基本原理是分层制造，逐层叠加）工艺"打印"实物产品，一次成型而不再需要像传统制造工艺那样先制造零部件再拼接组装。3D打印机出现在20世纪80年代，是利用光固化、熔融沉积成型等技术的快速成型装置，与普通打印机工作原理基本相同，打印机内装有液体或粉末（非金属、金属）等"打印材料"，通过电脑控制将材料层层叠加制造产品。这种制造技术的优势在于能够简化制造工艺，提高设计效率；无须模具，增量生产，降低制造成本；及时反馈，快速成型，加快市场响应。现在3D打印技术应用越来越广泛，应用领域最多的是在生物领域、航空领域等。近两年新闻不断报道3D打印能够打印出来的新产品，包括枪支、肉、假肢、汽车、建筑等等，并引发了许多社会伦理方面的讨论。

3. 中国的制造业面临的挑战

上面我们简单介绍了制造业服务化和信息化趋势及其相关技术，接下来我们要思考这将给中国的制造业带来什么样的挑战。

第一，直接从事生产制造的人数将减少，少量"现代机械和知识型员工"对大量"传统机械和简单劳动力"逐步进行替代，劳动力成本在整个生产成本中的比例也将随之下降。对于我国的竞争力而言，可能会进一步弱化我国的要素成本优势。《纽约时报》报道，飞利浦电子公司设在荷兰的一个工厂里有128部具有高超柔韧性的工业机器人，可以永不停息地工作，来完成工人无法完成的精细工作。在这种情况下就没办法来比较劳动力成本了。富士康公司计划在美国新建采用机器人上岗的生产线，使月工人的人数由30人减至5人。富士康认为，必须开始在这个生产流程中增加更多的价值，否则，就很难吸引到年轻一代的工人。我国的劳动力成本竞争优势逐步削弱来自两方面。一方面是我国劳动力成本逐渐上升。因为我们的社会在进步，产业结构在升级，这是产业结构升级在工业化进程中的必然现象。一份研究表明，2005年中国劳动力平均成本是美国劳动力成本的22%，2010年是它的31%，到2015年达到60%左右。另一方面，国外制造业劳动人数越来越少，劳动力成本相对不断降低。一方面，我们的劳动力成本在上升；另一方面，国外制造业劳动力成本越来越低，那么我们的劳动力成本优势自然会不断弱化。

第二，未来竞争的关键是企业具有快速响应市场个性化需求品种的适应能力，"第三次工业革命"背景下的制造业优势体现在对市场需求的快速反应和提供个性化产品的能力。也就是说，未来竞争的关键不在于我能不能生产出来，也不在于成本低不低，关键在于消费者需要你能快速生产出个性化的东西。因此，企业为更贴近市场，更快响应市场需求，会更多地选择在消费地进行本地化制造。对我国而言，许多产业大量进口原材料和关键零部件进行加工组装生产最终消费品，其受影响的范围和深度要大于其他国家。例如，我国习惯的"三来一补"加工模式，离消费市场是比较远的，就处于竞争弱势。

第三，制造业数字化、智能化的趋势加快了制造业和服务业深度融合的趋势，不仅使得制造业和服务业空间上更为集中，而且使第二、三产业的界线模糊化。以3D打印为代表的个性化制造和网络开放社区的发展将大大促进以个人和家庭为单位的"微制造"和"个人创业"等极端分散组织方式的发展，研发、设计的社会化参与，"创客"（hacker）时代到来了。由于现代制造系统与服务业的深度融合，发达国家在高端服务业形成的领先优势也可能被进一步强化。

第四，在产业价值链上制造的战略地位将变得与研发和营销同等重要，甚至超越其他的价值创造环节，"微笑曲线"有可能变成"沉默曲线"甚至"悲伤曲线"。"第三次工业革命"为发达工业国家重塑制造业和实体经济优势提供了机遇，曾经为寻找更低成本要素而从发达国家转出的生产活动有可能向发达国家回溯，导致制造业重心再次向发达国家偏移，传统"雁阵理论"所预言的后发国家产业赶超路径可能被封堵。近些年，大家讨论最多的就是"微笑曲线"，这在我国是非常流行的一个理论，所谓"微笑曲线"，描述的是一个产业价值链，研发、制造、营销环节的附加值不同，研发和营销两头附加值最高，制造环节附加值最低，从而呈现一个"微笑"曲线状。因为承接发达国家产业转移，我国产业在国际分工中占有附加值最低端的制造环节，而跨国公司也占据研发和品牌等高附加值环节。我们产业赶超的目的是什么呢？我们处在微笑曲线的低端，我们希望通过创新而向研发、品牌两端进展，提高附加值，这是产业赶超的目标。直到现在这个理论没有错误，但未来的一个发展趋势需要高度重视，就是制造环节还是否是附加值最低的环节。由于制造个性化和快速响应的能力本身附加值也很高，也可能与研发与营销环节的附加值一样高，那么"微笑曲线"会变成一个"沉默曲线"。更进一步，快速满足个性化需求的制造能力是竞争的关键，制造环节的附加值更高，甚至高于研发和品牌价值，那么"微笑曲线"就会变成一个"悲伤曲线"。如果这个趋势成立，产业赶超"雁阵理论"可能被修改。"雁阵理论"是经济学上经常提到的，描述一般产业转移规律，像美国这种发达国家最早研发出来新产品，等生产成本很高了，再把制造环节转移到发展中国家，发达国家是一个"雁头"，发展中国家是"雁尾"，发展中国家通过制造环节学习技术，并进一步向"微笑曲线"两端升级，这叫雁阵理论。由于"微笑曲线"可能会变为"沉默曲线""悲伤曲线"，发达国家的制造环节就可能不再向发展中国家转移，传统"雁阵理论"所说的后发产业赶超的路径有可能被封堵。2010年以来，像美国的制造企业开始加大对本土的投资，以福特、GE为代表的美国制造业企业明显加大了在本土的投资规模（技术密集型、劳动集约型）。2012年底，库克就宣布将在2013年投资1亿美元，把部分电脑生产线转移回美国。波士顿咨询集团曾预测，2020年将会有多达60万个制造业岗位从中国返回美国。

二 新工业革命背景下的工业大国国情

在这种工业化的趋势和影响下，我们国家是什么样的国情？国情可以从不同的角度来谈，我这里谈一下我们自己提出的一个理论，叫"工业大国的国情"。我们工业大国的国情并不是凭空来的，而是毛泽东同志在七届二中全会曾经提出来的，"人口多、底子薄的农业大国"。一直以来，大家都认为这是我国的基本国情，但到现在为止，经过改革开放30多年，我们现在已经是世界第二位的经济大国，但没有人说我们现在是否还是农业大国。我们从2000年就开始研究，我们提出一个新的想法，"基本经济国情已经在2000年以后从农业大国转变为工业大国",已经不是毛泽东提出的所谓的农业大国的国情,而是一个工业大国的国情。

在经济领域,存在两个层次的大国概念。一是整体层次的大国概念,指在人口、土地、资源、国民收入等方面的数量或规模很大的国家。另一层次的大国概念是局部性的,是指在经济领域某方面规模很大或者某些产业或产品数量很多的国家,如瑞士是钟表业大国。工业大国是什么呢?工业大国是指以工业经济为主导、工业规模庞大、工业产品数量位于世界前列,在人口、土地、经济总量方面符合大国标准,具有大国经济特征的国家。工业大国可以等同为工业经济大国,是相对农业经济大国和服务业经济大国而言的。需要注意的是,不要把工业大国等同于工业国,工业国往往是指实现工业化的国家。另外,工业大国也不等同于工业强国,"大"和"强"是两个概念,工业"大"主要是指规模,像我们泉州是工业大市,往往也是说工业规模比较大,尤其在三次产业比例上工业比例最大。所谓"强"的概念是什么呢?"工业强国"是指在整个世界工业或者某些工业领域的国际竞争与发展中占据强势地位,具有引领作用和发挥重要影响的国家,具有技术先进性、产业结构高级化、发展可持续、劳动生产效率高、国际竞争力强五方面特征。当今世界上,整体强势的工业强国包括美国、德国和日本,局部强势型包括英国、法国、瑞士。

刚才提的大国、强国和国情有什么关系?我们构建了一个基于产业演进的国情分类框架进行描述,如图1所示,横轴反映的是农业、工业、服务业产业结构的变化,纵轴描述的是一个产业内产业本身由大到强的变化。如果考虑到与产业内结构变动规律相对应的经济国情变化,伴随着工业化的推进,我们认为,一个大国的经济国情应该经历从农业大国到工业大国、从工业大国到工业强国、从工业强国到服务业大国进而到服务业强国的国情变化阶段，大致应该对应工业化初中期、工业化中后期和后工业化社会三个时期。

图 1　关于大国基本经济国情的分类框架

基于上述分类框架，我们认为，现在我们国家不能说是农业大国，而是一个工业大国，我们现在农业也非常大，但相比工业来说不能这样认为了，中国的基本经济国情已经从农业大国转变为工业大国。之所以这样说，有这样几方面的原因。

第一，伴随着改革开放以来经济的高速增长，中国已经成长为经济总量居世界第二的经济大国，中国已经具备了经济总量大国和经济增量超级大国的地位。即使 2014 年第一季度我国经济增长率为 7.4%，虽然有些人认为这一季度的经济增长形势不是特别乐观，数据上不太好看，但相比发达国家来说，也是很高的增长率。在这种情况下，我国肯定是一个经济大国，但主要依靠的不再是农业，而是工业的发展。

第二，随着工业化进程的快速推进，进入"十二五"时期，中国的经济发展阶段已经到工业化后期。经典的工业化理论认为，工业化的标准主要是人均收入的增长和经济结构的转换。工业化主要表现为：① 一般来说，国民收入中制造业活动所占比例逐步提高，直至占主导地位；② 制造业内部的产业结构逐步升级，技术含量不断提高；③ 在制造业部门就业的劳动人口比例也有增加的趋势；④ 城市这一工业发展的主要载体的数量不断增加，规模不断扩大，城市化率不断提高；⑤ 在上述指标增长的同时，整个人口的人均收入不断增加。

基于这些特征，我们构造了工业化水平评价指标体系，并具体对我国的工业化水平进行了评价。我们的评价结果表明，从全国看，进入"十一五"时期以后，中国的工业化进程刚刚步入工业化后期，处于工业化后期的前半阶段。从东部、东北、中部、西部四大板块区域看，东部进入工业化后期的后半阶段，东北地区进入工业化后期的前半阶段，中部和西部都处于工业化中期的后半阶段。从七大区域看，长三角已经进入工业化后期的后半阶段，领先于全国其他地区；珠三角、环渤海和东三省处于工业化后期的前半阶段，中部六省和大西北处于工业化中期的后半阶段，大西北的工业化水平最低。总体来说，我们已经发展到工业化后期，你还说自己是一个农业大国，这已经很不合适了，其实是一个工业大国了。

第三，工业占主体地位，已经成为世界性的工业生产与出口大国。在500多种工业制成品中，我国产量居世界第一的工业制成品有200多种，钢、煤炭、原油、发电量、水泥、化肥、棉布等主要工业产品产量都位于世界前列。具体到泉州市，泉州三次产业中工业所占比例也很大，2013年占到61.8%，也是一个工业大市。从2003年到2013年十年间工业经济发展很快，2003年有337亿元工业产值，到2013年是2488亿元工业增加值。

成为工业生产大国是一个好事情，解决了以前的短缺经济问题，但随之也产生了新问题。现在工业面临的最大问题就是产能过剩。2012

年底，粗钢产能约为9.7亿吨，粗钢产能利用率为72%；水泥产能达30亿吨，产能利用率为72.7%；电解铝产能为2765万吨，产能利用率为72%；平板玻璃产能为10.4亿重量箱，产能利用率为68.3%；造船产能利用率仅为70%左右。产能过剩已经成为我国现在产业结构调整最主要的问题。据我初步了解，泉州也在大力化解产能过剩，实施"去库存"专项行动，举办泉州商品博览会、"品牌泉州境外行"等活动，出台通关便利化一揽子措施，全市外贸出口164.9亿美元、增长33.3%；启动"万家企业手拉手"专项行动，1268家中小企业与180家龙头企业形成配套，对接产能450多亿元。

我们已经是一个出口大国，出口总量世界第一，出口的基本上都是工业制成品，不是农业产品的出口，所以说是工业出口大国。成为工业出口大国，问题也是有的，而且出口大国的问题也是严重的：一是对国内资源破坏严重；二是压制了劳动者福利水平的提高；三是引发了大量的贸易摩擦。目前中国已经连续多年成为世界上遭受反倾销最多的国家；四是以国外消费代替国内消费拉动经济增长，不但加大了国内经济的不稳定性，也削弱了国内消费的扩张。不仅如此，传统的出口导向型发展战略还导致了中国补贴发达国家的怪现象。

第四，工业大国的国情还体现在我国财政收入主要来自工业和为工业服务的生产性服务业，我国已经进入以工补农、以城带乡的发展阶段。新中国成立后，国家实施重工业优先发展战略，通过"剪刀差"等措施实施农业支持工业、农村支持城市的政策，为工业化提供原始积累。据测算，1952年到1990年，农业部门为工业化建设提供净资金贡献达到9530亿元。2002~2010年，农民直接补贴额从1亿元增加到1344.9亿元；由于农业税的取消，与1999年相比，农民减轻负担1250

亿元，平均每个农民减负140元。这意味着，经过快速工业化进程，我国已经能够采用工业发达国家普遍实行的通过工业积累来支持农业的政策，中国作为一个工业大国，农业的发展离不开工业积累的支持和现代工业技术的推动。正是由于工业快速发展，支持了我国财政收入的快速增长，我国的财政收入从66亿元涨到1万亿元用了50年，从1万亿元涨到2万亿元用了4年，从2万亿元涨到3万亿元用了3年，从3万亿元涨到5万亿元用了2年，从5万亿元涨到6万亿元花了1年，到现在是10多万亿元。具体从泉州的财政收支情况来看，2003~2013年税收增长比较快，这和泉州的工业快速发展是密切相关的。

第五，与工业大国经济地位相称，一批世界级大企业成长起来。中国的大型企业集团占世界500强的份额不断增加，2003年美国有192家，日本88家，当时中国只有11家，而到2013年，中国已经排第二位了，美国132家，我们有86家，变化是非常大的。不仅如此，而且我们的大企业和世界上的大企业规模差距也在不断缩小，中国的第一名企业规模与世界500强的第一名企业规模的差距也在缩小。1999年中石化销售收入是73亿美元，通用汽车销售收入是1613亿美元，中石化销售收入占通用汽车的4.5%。到2013年，中石化销售收入规模达到4282亿美元，皇家壳牌石油公司销售收入4817亿美元，差距已经很小了。而且进入500强的前十名和世界500强的前十名收入差距也在缩小，2002年中国500强前十名企业营业收入与世界500强前十名企业营业收入比为15.3%，而到2013年该比例达到40.23%。

第六，也是最后一点，经济发展方式比较粗放，中国只是一个工业大国，而不是一个工业强国，工业正在由大向强转变。从产业内部结构看，我国还不是一个工业经济强国。这主要表现在：经济发展方式比较粗放，工业结构亟待升级，加工装备制造业发展缓慢，高新技术产业所占比例低；我国工业生产技术水平和研究开发能力与世界先进水平还有较大的差距，缺乏技术储备，关键生产技术落后，技术进步投入少，技术进步体制存在问题；工业劳动生产率低，工业管理现代化水平低；在出口产品构成中，附加值高的技术密集型产品比重低；等等。我们曾经选过15个行业进行比较，结果是船舶工业在2004年时可以达到世界先进船舶工业60%的水平，煤炭可以达到世界先进煤炭工业23%的水平，整体比人家差，最好的船舶工业也只相当于世界最先进水平的60%，所以工业只大但不强。

中国作为工业大国，有许多好的机遇，作为一个新兴工业大国，国内需求潜力巨大，为我国经济增长提供了新机遇；工业大国地位为我国带来了广泛参与国际分工、合作及利用境外资源和市场的新机遇；作为工业大国，中国有能力迎接第三次工业革命带来的生产力跨越式发展的新机遇，这回到了我们今天讨论的主题。当然，我们大国也有问题，问题是资源环境压力越来越大，生产要素成本越来越高。现在社会上的收入差距、体制性矛盾，开放带来的增长动力减弱，产业结构进一步调整升级的难度也在增大，这些都是我们面临的问题。

面对工业大国基本国情的机遇与挑战，我国经济发展的核心任务就是从一个大国到一个强国进行战略转变。2012年5月28日，胡锦涛总书记在中央政治局就坚持走中国特色新型工业化道路和推进经济结构战略性调整进行第33次集体学习时指出：新中国成立以来特别是改革开放以来，我们在长期实践中探索和走出了中国特色的新型工业化道路……实现了从农业大国向工业大国的历史性转变。同时，我们也必须看到，我国工业发展长期依靠高投入、高消耗，存在发展方式粗放、结构不合理、核心技术受制于人、资源环境约束强化、区域发展不平衡等深层次矛盾和问题。这些矛盾和问题解决不好,不仅会影响我国工业健康发展,而且会给整个经济发展带来不利影响……提高工业发展质量和效益,努力从工业大国向工业强国转变,为全面建设小康社会、加快推进社会主义现代化奠定坚实物质基础。

在我们积极推进从工业大国向工业强国转变的时期,我国正好赶上了新工业革命。我们面临的问题是,多种问题叠加到一起。习近平总书记曾提出"叠加论",认为我国现在处于经济增长速度的换挡期、经济结构调整阵痛期、前期经济政策消化期的叠加阶段。如果再考虑到国际上的技术变化,那应该还可以再加上一个——国外新技术革命的趋势。有很多人说现在还看不准新技术革命,但我们认为以制造业数字化、智能化趋势为核心的新工业革命的趋势是没有问题的,只是进展的时间问题,到底在什么时候会有一个真正意义上的"革命"。我们认为,必须把新工业革命作为一个大的背景来推进产业结构的升级,在2013年的中央经济工作会议上明确提到一点,我们现在的产业结构转型升级,不像以前被动地接受国际产业分工,而是面临一个倒逼机制,倒逼我们进行产业结构升级。倒逼机制如何形成呢?其中包括新工业革命的趋势,反过来促进你必须要进行产业结构升级,我国在搞制造业,发达国家也在发展制造业,我国的制造业和发达国家的制造业在国际上竞争,就会倒逼我国必须加快进行产业结构的转型。

三 新工业革命与中国经济发展战略调整

对于第三次工业革命,既要有紧迫感,又要有信心。这种紧迫感并不是类似于2007年应对金融危机那样的"应激反应",而是长期发展战略应对的紧迫感。当然,我们也有信心,现在我们是一个工业大国,不像以前,迎接这种挑战,我们已经有基础了,而且我们的制造业发展已经有了很好的基础,所以我们需要的是正确的战略应对。第三次工业革命对我国也是一种机遇,这种机遇不是简单纳入全球分工体系、扩大出口的传统机遇,而是倒逼我国工业转型升级的新机遇。

第一,迫使我国制造业总体发展战略必须从基于要素的低成本战略转向基于创新的差异化战略。一直以来,我国制造业的发展得益于劳动力、资金和环境等要素的低成本比较优势,但这种发展战略是不可持续的,导致了我国产能过剩以及要素市场的扭曲,已经严重阻碍了我国产业的转型升级和制造业的创新发展。"第三次工业革命"加剧了这种低成本工业化道路的不可持续性,迫使我国的工业发展战略必须转向基于创新的差异化战略,努力通过创新来形成新的竞争优势,从而实现产业转型升级。

第二,"第三次工业革命"催生新的制造系统和生产设备产业,而这些产业的发展又会带动信息产业、新材料产业等新的产业门类的出现和增长,从而为我国战略性新兴产业的培育和发展创造很好的机会。我国具备完全的工业体系和强大的产业基础,尤其是这些年来在新型工业化战略指导下,我国一直坚持信息化与工业化融合发展,在制造业信息化方面掌握了一定的核心关键技术,中国制造业已经具备了抓住机会的良好条件。

第三,"第三次工业革命"还及时为我国产业转型升级指明了方向。新工业革命加快了制造业和服务业深度融合的趋势,这要求一味

地强调提升服务业所占比例的产业结构调整方向和产业政策导向需要重新审视。考虑到制造业本身所蕴含的生产能力和知识积累对一国经济长期稳定发展的战略意义,我国要摒弃制造业和服务业此消彼长的机械论,转而从两者的内在衔接关系角度入手,围绕如何提升我国制造复杂工业品的能力来制定我国的服务业发展战略。这是我们的产业转型升级提出的方向。

面对上述第三次工业革命的机遇和挑战,基于我国工业大国的基本国情,我国需要制定国家的工业强国战略规划。这个规划要满足全局性、系统性、长期性、国际竞争性的要求。所谓全局性,要求该战略规划是一个国家的经济发展战略,立足国家整体经济发展,而不是一个单纯的工业发展规划;所谓系统性,要求该战略规划从国家系统角度思考工业强国建设问题,要包括工业强国建设的各个方面,包括科研、教育、行政、社会、文化等;所谓长期性,如果初步设想,在未来20年左右的时间内,把我国建设成为一个工业强国,并努力一直保持工业强国的地位,那么战略规划期应该有20年,并对20年后进行展望;所谓国际竞争性,要求该战略规划应该动态地考虑世界各国的竞争战略,既要立足于国情和国内经济发展的需要,又要立足于世情和应对国际竞争的需要。

怎么制定这么一个强国的规划?最核心的就强调以下几点。

第一,依靠信息技术促进制造业与现代生产性服务业双轮驱动、融合发展。

第二,建设和完善高效能的运算、工程数据库等国家级先进制造技术基础设施,加快制定实施国家先进制造技术突破和应用规划,促进2020年制造业总体上升成为数控一代,2030年总体升级为智能一代。

第三，打造国家级共性技术平台，包括战略共性技术、基础共性技术等平台，甚至考虑组建以发展共性技术、带动产业发展为使命的国家工业技术研究机构。现在我国科研体制中有一个问题，那就是搞共性技术的研究机构少了，这些年的科研体制改革把以前的共性技术研究机构都划分到了各大企业集团。这样产生的问题是，这些研究机构不在为产业或国家做共性技术研究，主要为企业做商业化技术研究，而共性技术、关键性技术、基础性技术慢慢就没人来做了。从未来发展来看，我们认为还应该专门组建一些不隶属于这些大产业集团的共性技术研究院，为中小企业提供共性技术、战略性技术、关键技术，这对我国中小企业发展非常关键。我国中小企业发展不仅面临着劳动力贵、用工贵、资金贵等困境，还有一个问题是缺少技术来源。我们研究所专门和中国台湾地区的工业技术研究院有长期合作，台湾工研院就是专门做共性技术的，促进新兴产业，把技术转让给台湾中小企业。根据我对泉州的了解，泉州的中小企业比较多，我认为市政府可以做一些事，加大力度支持服务于泉州中小企业的技术研发机构。我了解到泉州大力支持科技公共服务平台建设、技术改造，计划投入36.8亿元分批建设137个科技创新平台，"泉州科技云"平台基本建成，这都是非常有意义的。

第四，借鉴日本的"母工厂"做法，实现我国产业赶超路径从"承接制造+产品创新"向"产品创新+工艺创新"的转型。以前我们主要是承接模仿人家，现在要借鉴日本的母工厂做法，不仅仅要产品创新，关键是进行工艺创新。日本的母工厂有一个做法，他们在本国把自己所有的资源集中在一个机构——"母工厂"，专门培育新技术、新产品、新工艺、新管理模式、新经营经验，一旦成熟以后，把这些复制到全世界跨国公司的各个子公司中。这个做法在日本非常盛行。日本作为后发的国家，为什么可以始终跟上美国？这种做法是非常有借鉴价值的。

第五，未来的产业规划和政策要强调支持用先进制造技术改造传统生产方式，突出"先进制造技术"，弱化"先进制造业"概念。实际上，只有"朝阳技术"和"夕阳技术"，没有"朝阳产业"和"夕阳产业"。比如说纺织产业，大家一般认为是"夕阳产业"，但用现代技术改造的纺织产业，现代科技含量很高，包括用纳米材料或新材料。所以国家产业政策就不要只扶持某个产业，应该突出先进制造技术，扶持一些有前景的技术，只要先进技术出来之后，就可以应用到很多的产业。

第六，把握新工业革命趋势，重视企业管理创新。具体而言，生产管理要实现从低成本、大批量向快速响应消费者的需求转变，人力资源管理要逐步实现少量"现代知识型员工"对大量"传统简单劳动者"的替代，营销管理要顺应产品与服务日趋融合的趋势，战略管理要实现从核心能力战略向平台战略的转变，组织管理要实现从层级结构向网络结构的转变。我看了泉州的一些资料，政府正在支持企业管理的创新，包括支持商业模式创新、电商发展。具体实施了电子商务发展三年规划，每年安排1000万元扶持资金，加快7个电子商务集聚区建设步伐，鼓励企业"线上线下结合"开拓市场，等等。这些措施对促进泉州从工业大市向工业强市转型升级都很有意义。

因为时间问题，有些讲得比较快，谈不到的地方也请大家批评指正，谢谢大家。

互动交流

1. 在经济发展战略调整过程中,政府应该扮演什么样的角色?

【听众提问】:

在经济发展战略调整过程中,政府应该扮演什么样的角色?是不是应该像日本一样直接管理经济,还是只做市场方面的基础性改革来促进产业的发展?

【黄群慧】:

这是一个很好的问题,既有理论价值又有实践意义。在理论上一直争议非常大,有的经济学家认为产业政策有合理性,而崇尚自由市场经济的经济学家认为产业政策压根就不应该存在,直到现在两派经济学家仍在争议产业政策有没有存在的必要。在实践上也是一样,有的国家,如英国、美国崇尚自由市场竞争,不提倡采用产业政策;而也有日本这种国家,依靠产业政策实现经济赶超。但是,怎么来理解这个事情呢?我认为,对一个后发赶超型国家来说,产业政策是必需的,而作为一个自然演进的市场经济国家,可能没有产业政策也有它的合理性。

另外一个问题,如何制定并实施好产业政策,才能对经济发展有很合理的促进作用?包括我国现在的产能过剩,有人就认为是不合理的产业政策造成的,认为产业政策在制定和执行过程中出现了问题,结果造成了产能过剩,而且反过来又要用产业政策去化解产能过剩。从这个角度说,产业政策确实是有问题。但是,作为一个赶超型的国家,我认为没有产业政策是不可以的,而且产业政策在相当长时期，它是有价值的。但关键的问题是政府怎么能够制定好相应的产业政策，这里有政府如何甄别市场机会等各方面问题。我认为，最关键的是政府对产业政策的运用要有一个"度"，制定产业政策要考虑本身的执行机制，就是要"激励相容"，如果机制运作不好，有好的产业政策方向，最终的结局也是和目标相违背的。现在之所以光伏产业等战略性新兴产业都有产能过剩，在一定程度上与产业政策的不合理有关。我觉得产业政策要有一个"度"，要把"度"把握好。产业政策只是一个导向，最终还是要靠市场机制发挥作用，让市场觉得这样做是有必要的。当市场觉得这样做没有必要的时候，产业政策引导只能是适度，不要支持力度大到给你钱补贴到企业只拿补贴都赚钱的程度，这样的产业政策就有问题。一个好的产业政策方向由政府制定出来，最好利用市场机制去引导实施。由于市场主体是自律行为，他觉得现在赚不到钱，不赚钱不想做，你可以有适当的补贴，但补贴一定不要大到超过本身自然的演进过程，超前推进。总体上产业政策要把握住度，既不能过度激励企业，使其行为扭曲，也不能完全否定产业政策存在的必要性，这样产业政策才能发挥它应有的作用。

谢谢！

2. 中国国有企业改革怎么和新工业革命融合？

【观众提问】：

中国国有企业改革怎么和新工业革命融合？

【黄群慧】：

这是很好的问题，本来我还给华大讲堂提供了一个题目是"国有企业改革"，我们工业经济研究所另外一个重要的研究方向，是国有企业改革,在这方面有长期的积累。这里我简要谈两方面问题。

第一,国有企业分类改革。我们认为,国有企业改革进入精细化分类改革时期。我们提出国有企业要分为三类:第一类是政策性企业,这类企业只要完成国家赋予的政策目标,并不要求一定去挣钱,如中储粮和中储棉,这两个企业就是承担了国家的政策功能,国家给你钱就是让你花钱去实现政策目标,这类企业数量很少;第二类是一般商业性企业,绝大多数的国有企业属于这类,是一般商业性企业,以赢利为目的,这类企业的生存发展完全取决于市场竞争,这类企业的股权是多元化的,采用混合所有制,我们对现有的113家央企都进行了分类,有五家是属于政策性的,80多家都是一般商业性的;第三类是特定功能性的企业,介于上述两类企业之间,这类企业有自然垄断性,在央企中有二三十家是这种中间特定功能性的。分完类之后,就要针对不同类型的企业进行不同的治理。首先,适用的法律不一样。政策性企业就要单独立法,一企一法;特定功能性的企业要有行业立法,电信、石油、电网一个行业一个法;到一般商业性企业,全部适用公司法。其次,企业股权要有差别。如果是政策性企业,可以是国有独资,不用采用混合所有制;对于特定功能性企业,可以推进混合所有制,但一般要控股;而对于一般商业性企业,在推进混合所有制改革中甚至可以将国有股权退到参股的地位。另外,在公司治理结构上,不同类型的公司治理也要有差别,干部任命、激励约束机制都不同。

第二,国有企业的技术创新。在分类的基础上,不同类型的国企,其技术创新的使命和定位有差别。例如,面对新工业革命,国有企业要承担创新的职责,对于政策性和特定功能性国有企业,需要给国家提供战略性的共性技术、关键性的共性技术,投入力量研发国家级的先进制造技术。但是对一般商业性企业就不能这样要求，它要在市场竞争压力下自主选择创新路径和创新行为。这样分类之后，有利于促进国有企业的技术创新行为，有利于我们迎接新工业革命的挑战。长期以来，国有企业企业家不愿意投入巨大的资源进行风险很大的技术创新，因为有一个机制问题，国有企业的企业家如果花大量的钱投到风险很大的技术创新上，成功了也不是你的贡献，一旦失败，这个国企老总本身承担的责任非常大，所以真正颠覆性、突破性的技术创新，国有企业是做不了的。颠覆性技术真正从实验室产生并最后商业化都是经过成千上万次的失败才产生的，国有企业往往是不允许失败的，失败以后国企老总是承担不了这个责任的。而在分类改革后，一般商业性企业可以和其他企业一样开发市场化的风险程度高的技术，而特定功能性企业则把精力集中在共性关键技术上，这无疑有利于我国迎接第三次工业革命的挑战，适应制造业信息化、智能化的趋势，进而对我们国家的竞争力提升也是很有意义的。

谢谢！

卓新平简介

卓新平 德国慕尼黑大学哲学博士。现任中国社会科学院学部委员、学部主席团成员，世界宗教研究所所长、基督教研究中心主任，研究员、博士生导师。十一、十二届全国人大常委，太湖世界文化论坛副主席，中国宗教学会会长（连任）。

被评为国家级有突出贡献的中青年专家、"新世纪百千万人才工程"国家级人选、中宣部首批"四个一批"人才、人事部和国家教委"有突出贡献的留学回国人员"，享受国务院政府特殊津贴，是国家社科基金宗教学评审组组长、国务院学位办哲学组成员。

当选为欧洲科学艺术研究院院士、德国（欧洲）宗教史协会终身会员。曾任清华大学伟伦特聘访问教授、美国伯克利联合神学研究院苏吉特·辛格学术讲座主讲、英国伯明翰大学佩顿研究员（访问学者）、香港中文大学庞万伦基督教与中国文化讲座主讲，联合国教科文组织下属国际哲学与人文科学研究理事会副主席，中国统一战线理论研究会常务理事，美国亚洲基督教高等教育联合董事会董事。

2007年12月参加中共中央第十七届政治局第二次集体学习，与牟钟鉴教授共同就"当代世界宗教和加强我国宗教工作"问题进行了讲解。

已出版个人学术著作28部，合著及主编著作数十部，发表学术论文200多篇。代表著作有《宗教起源纵横谈》《宗教与文化》《尼布尔》《世界宗教与宗教学》《当代西方新教神学》《当代西方天主教神学》《宗教理解》《基督宗教论》《基督宗教研究》《圣经鉴赏》《"全球化"的宗教与当代中国》《基督教与中国文化处境》《马克思主义宗教观探究》《中国宗教与文化战略》等。

宗教信仰与文化战略

卓新平　　　　2014年6月5日

非常高兴也非常感谢泉州市、华侨大学给我这样一个好机会和各位领导、各位专家学者、各界朋友一起探讨宗教信仰问题。泉州是海上丝绸之路的名城，是驰名中外的世界宗教博物馆，这也给我提供了一个学习的好机会。

我想谈三个方面：第一，世界宗教知识及发展现状；第二，我国当前有关宗教政策的讨论；第三，我国宗教现状及文化战略思考，以此围绕宗教信仰和文化战略作一个基本的梳理。由于时

间的关系。这只能是一个粗线条的梳理,以后有机会我们还可以进一步深入探讨。

一 世界宗教知识及发展现状

(一)美国皮尤研究中心关于 2010 年世界信教人数的报告

世界宗教现状究竟如何?最新的报道是美国皮尤研究中心关于 2010 年世界信教人数的报告。应该说,美国皮尤研究中心的报告并没有经过在世界各地非常严格的抽样调查,其结论因而有很多的水分,并不十分准确。但到目前为止,这个中心又是世界上相关数据发布的一个权威机构,因此我们对它应该有所了解,但不能完全相信它的报告。这是我们的基本态度。根据这个中心对 2010 年之前世界宗教状况的报告,世界人口大约是 68.9 亿,各种宗教信徒大概是 57.7 亿,占世界总人口的 84%,无宗教隶属人数是 11.26 亿,占世界总人口的 16%。在世界各大宗教中,基督教是第一大宗教,有 21.73 亿基督徒,约占世界人口的 1/3;穆斯林是第二大宗教,有 16 亿教徒,占世界总人口的 23%;人数占到第三位的是印度教,有 10 亿信徒,因为印度这个国家人口本来就比较多,而印度教正好代表着其民族宗教。我们说的第三大世界宗教佛教却只有 4.88 亿信徒,总人数少于印度教。另外,世界不同地区的民间宗教信徒大约是 4.05 亿,占世界总人口的 6%;犹太教徒为 1400 万~1600 万,其他宗教徒有 5800 万,其中包含新兴宗教 500 万信众,印度的古老宗教耆那教有 25 万人,日本神道教有 300 多万人,印度的锡克教有 2500 万人,中国的道教约有 800 万人,伊朗的袄教

（琐罗亚斯德教）大约有 20 万人。

值得我们特别关注的是，这个报告还专门提到了中国大陆宗教信仰人数的问题。这个人数肯定不准确，因为缺乏科学依据，但是我们应该知道世界上有这么一种说法，做到心中有数。该报告认为中国基督徒人数已经达到了 6841 万，穆斯林有 2469 万，中国的佛教徒有 2.44 亿，民间宗教则有 2.94 亿信众，其他宗教共有 908 万人，其中包括 800 万道教信徒；另外，在中国的印度教徒约有 2 万人，犹太教徒有 1 万人。如果按照它的算法，中国大陆信仰各种宗教的人数已经达到了 6.4 亿，而无宗教信仰的大约有 7 亿人。这肯定是过度夸大的数据，而且没有经过严格的问卷调研和科学统计，因而并无任何可信度。

对于国际上关于世界宗教信仰人数的最新报告，我们没有任何官方回应。到目前为止，我们中国关于宗教信仰人数的政府报道仍然是 1997 年发表的中国宗教白皮书，其中指出中国人口约 13 亿，各种宗教信徒约有 1 亿。但若按照这个标准，那么似乎世界上无宗教信仰的人数基本上都在我们中国，大约是 12 亿。从 1997 年至 2014 年已经有 17 年之久，我国关于宗教人数仍然没有新的权威报告发布。其实此间国内外已经有过至少三次调研统计，从这三次未公开或未正式发布的调研情况来看，中国宗教信仰人数目前应该已经超过了 3 亿人，这是比较接近现实的情况。由于这个数据没有公开发布，我们正式的表述仍然是中国约有 1 亿宗教信仰者。

（二）世界主要宗教情况

1. 基督宗教

在这些宗教中，基督教值得我们特别关注。基督教亦有基督宗教之称，是涵括其三大教派的统称，而中国的新教现在基本上是用基督教来自我表述，故需注意区分这同一表述在用法上的不同。基督教有四次在华传教的经历，由于第四次传教和"鸦片战争"及此后签订的不平等条约相关联，这样就使基督教如何"中国化"的问题并没有得到彻底解决，而今天整个中国社会都对基督教应如何定位非常关注，对基督教的在华作用也有明显不同的看法。最近网上讨论比较多的就是英国《每日电讯报》在2014年4月25日根据对一个华人学者的采访而得出中国将会成为世界第一基督教大国的猜测，认为到2030年中国基督徒的总数可能会超过2.47亿，届时中国将超过美国、巴西和墨西哥而成为基督徒最多的国家。这种说法虽然没有任何根据却耸人听闻，结果引起了我们国家对于基督教的高度重视，也出现了一些不必要的担心。中国从各方面的情况来看是多种宗教并存的国家，基督教很难成为中国的第一大宗教，其自身却有着如何尽早实现"中国化"的艰巨任务。

（1）基督教（新教）对中国的影响。

基督教对于中国社会的影响可以分为三个方面：第一，基督教新教；第二，天主教；第三，东正教。新教在1949年以后基本停止了对中国的影响，但随着中美关系的改善及中国的改革开放，这种影响又重新开始。1972年尼克松访华是其转机，中美关系解冻之后，布什担任了美国驻中国联络办公室主任，从此开始与中国基督徒的交往。中美建交后，美国的历届总统都比较关注中国新教的发展问题，在克林顿任美国总统期间曾经先后派出三批宗教领袖代表团来华访问。小布什任美国总统期间，更是开始过问中国所谓的家庭教会问题，甚至想对之加以干涉。奥巴马任美国总统以来，亦延续了这样一种传统做法。

美国社会总体来看对中国的宗教问题关注过度、评价偏颇，而对中国的渗透、所谓境外影响也绝大部分是来自美国。特别是在意识形态领域，美国的对华政治态度仍然保持着冷战思维方式。例如，在2011年美国总统竞选的时候，曾经担任过美国驻华大使的洪博培就在电视辩论中提出要"扳倒中国"，他作为一个摩门教徒，其态度在一定程度上反映出美国新教对中国的看法。

美国这些年搞所谓的国别人权报告，其中经常对中国加以指责，而美国设立的宗教自由无任所大使也将其工作重点之一放在中国问题上。可以说，中美关系的这一心结并没有解开。为了抵制外来的渗透和影响，我个人认为最好的办法就是做好我们自己的宗教信仰自由工作，不给境外的敌对势力从事渗透活动提供任何借口或机会。中国基督教应练好自己的内功，这就是积极适应并和谐融入中华文化，实现其在中国社会的在地化或处境化。

（2）天主教对中国的影响。

从天主教来讲，主要问题应该是中梵关系该如何处理。中国的文化传统和政治传承基本上是一个"大一统"的结构，而天主教的体制在另一种意义上也是一种"大一统"，即其信仰上的"一统"。位于梵蒂冈的罗马教廷对全世界的天主教起着精神统治作用。由于天主教徒是生活在两种权威之下，这两种权威即政治、宗教之不同，对中国的天主教徒也有一定的负面影响。梵蒂冈希望跟中国改善关系，我们谈到有两个前提，一个是梵蒂冈必须与台湾"断交"，梵蒂冈认为这个不成问题，随时都可以做到；第二个是关于主教任命的问题，但到目前为止梵蒂冈对此仍没有妥协，它认为这是天主教的宗教信仰自由，而我们则认为这是关涉我们国家主权的问题。

自中国改革开放以来,梵蒂冈对华的影响可以追溯到1980年两位红衣主教柯尼希和埃特凯加雷以私人身份访华。这实际上是中梵关系史上的一次破冰之旅。此后双方交往虽有小的进展,却因2000年10月1日梵蒂冈的所谓"封圣"活动而中断。为了有所补救,2001年梵蒂冈曾经举行纪念利玛窦入华进京400周年活动,但并无新的起色。2005年4月2日教宗约翰-保罗二世去世,新教宗本笃十六世接任,此后中梵关系也没有任何改善。本笃十六世希望加强对中国天主教会的掌控,于2007年发布了一个致中国天主教的牧函,结果受到干涉中国内部事务的谴责。但他还是希望改善中梵关系,故在2008年5月7日亲自出席由邓小平的女儿邓榕带领的中国爱乐乐团、上海歌剧院合唱团在梵蒂冈保禄六世大厅举行的一场音乐会,并与邓榕及中国驻意大利外交官等握手致意。

本笃十六世于2013年初辞职,阿根廷出身的耶稣会马里奥·贝尔高利奥当选为第266任教宗,称方济各一世。这是来自拉美草根阶层的教宗,其耶稣会熟识中国文化的背景可能使其在对华关系上出现柳暗花明的转机,这样也带来了中梵关系可能出现改善的期待。最近这位新教宗在接受媒体采访的时候说,他2013年3月13日当选后曾与几乎同时(2013年3月14日)就任中华人民共和国主席的习近平主席互发贺词,此说顿时引来国际媒体的种种猜测。中梵关系会对中国天主教的存在与发展产生直接影响,因此其动态会受到全世界的关注。

(3)东正教对中国的影响。

东正教本来对中国的影响不大,但是中国东正教是来自俄罗斯正教,故此有其历史关联。当代俄罗斯正教在1988年"罗斯受洗"千年纪念活动时开始复兴,当时戈尔巴乔夫允许举行这一大型活动。苏东解体后，俄罗斯正教成为其民族主导信仰体系，俄罗斯的政教关系发生重大变化。2009年基里尔担任俄罗斯正教的新牧首，开始关注中国，并得到普京的支持。所以，习近平担任国家主席后访俄，普京随之提及俄罗斯大牧首访华的问题。2013年5月，基里尔高调访华，到了北京、上海、哈尔滨等曾有俄罗斯正教影响的城市。目前中俄战略合作伙伴关系的形成，对俄罗斯正教恢复对中国的影响会渐渐起到作用。中国信仰东正教的人并不多，大概有一万人。由于中国的东正教现在已经没有自己的神职人员了，基里尔访华后的一个直接结果，就是中方开始派人到俄罗斯正教去学习神学，这些人将来学成回国后的发展走向值得我们关注。最近乌克兰局势造成俄美冲突，中国在两者之间的位置非常微妙敏感。乌克兰问题就包含民族、宗教因素，其中东正教的发展变化问题，应是我们观察的重点之一。

2. 伊斯兰教

除了基督教之外，对我们国家的发展影响比较大的还有伊斯兰教。伊斯兰教分为逊尼派、什叶派，什叶派主要是在伊朗，当前伊拉克发生的动乱亦卷入了这两大教派的冲突。在近代发展中，伊斯兰教出现了瓦哈比教派、苏菲主义，形成了全球影响，此间亦出现了宗教极端主义思潮，特别是泛伊斯兰主义、泛突厥主义在不少地方与民族分裂分子相结合，造成三股势力（国际恐怖主义、民族分裂主义、宗教极端主义）的猖獗。应该说，伊斯兰教本来是倡导和平的宗教，其当代发展亦有主张和谐、宽容的中间主义思潮，这也是中国穆斯林所强调的中道思想。对于这样的舆论走向和如何开展积极引导意向上的运作，我们研究得不够。最近因为新疆出现暴恐事件，引起了人们的重视及思考。中国伊斯兰教也召开了很多研讨会，强调"中道"方面的积极发展。

从伊斯兰教在全球的发展影响来看，现在世界上穆斯林最多的国家已不再是阿拉伯国家，而是在东南亚，印度尼西亚已经是第一穆斯林大国，有两亿多穆斯林，此外印度约有1.7亿穆斯林，巴基斯坦约有1.6亿穆斯林，孟加拉国也约有1.3亿穆斯林。我们周边国家伊斯兰教发展的现状势必会影响到中国伊斯兰教的存在及发展。

伊斯兰教进入中国的历史，应该是从唐朝开始的，和广州、泉州等沿海地区的发展有直接的关联。广州的怀圣寺是中国最早的清真寺，我们泉州这里也有非常古老的清真寺，见证了伊斯兰教传入中国特别是取道海上丝绸之路的这段历史。元朝的时候，已经出现"回族遍天下"的局面，并使伊斯兰教保持了在明清时期继续发展的势头。伊斯兰教跟中国传统文化的结合，曾体现在明清之际王岱舆、刘智等人"学通四教""会通诸家"的努力。而伊斯兰教的苏菲主义和中国宗法家族传统的结合，则形成了中国伊斯兰教极为独特的门宦制度。目前中国伊斯兰教分布在回、维吾尔、哈萨克、塔塔尔、塔吉克、柯尔克孜、乌孜别克、东乡、撒拉、保安这十个民族之中，大约有2100万人，其中大多数是逊尼派，但塔吉克族因为和伊朗的语言文化有着历史关联，所信奉的是伊斯兰教什叶派中的伊斯玛仪派，故被视为属于什叶派。

具有极端思潮性质的所谓瓦哈比派是从沙特阿拉伯传过来的，最早源自沙特阿拉伯人瓦哈比所倡导的清静教，旨在恢复正教，反对世俗化发展。从瓦哈比运动发展出要以所谓"圣战"来实施其现代改革的思想。有人说"圣战"这个术语表达原本是来自阿拉伯文的"吉哈德"，但此词在伊斯兰教的《古兰经》中本来是"奋斗"之意："我必定要试验你们，直到我认识你们中的奋斗者和坚忍者，我将考核关于你们的工作的报告。"其基本思想是要求信众在信仰"真主"时要为真主而"奋斗、尽力",不怕"艰辛"。因此,"吉哈德"的本意是"尽个人最大的努力",其指向是努力克服自己的私欲,后则扩展到为正义而奋斗之意。尽管在一定限度内作引申意义之解的"小吉哈德"被用于"斗争"或"战争",也是专指为了伊斯兰教信仰而反抗压迫、捍卫正义,但这与滥杀无辜、肆意破坏毫无关系。

"泛突厥主义"于19世纪末由土耳其国王阿不都里米提二世提出。这一思潮于1913年又发展出"突厥语的维吾尔族、哈萨克族、柯尔克孜族、乌孜别克族、塔塔尔族、阿塞拜疆族等都应该成为一个突厥民族国家"的政治表达。第一次世界大战期间,在我国新疆的伊犁、乌鲁木齐、喀什曾出现"东突"思潮;1932年,穆罕默德·伊敏在南疆搞分裂失败而流亡国外,随之编出所谓《东突厥斯坦历史》,为煽动民族分裂制造舆论;1933年,沙比提大毛拉在喀什要建"东突厥斯坦伊斯兰共和国",但这些分裂势力都被消灭;1944年,伊犁发生"三区革命",在苏联的支持下成立过"东突厥斯坦人民共和国临时政府"。我们党在1949年以后,在新疆等地实施民族区域自治,这是一个非常睿智的做法,适合当时的情况。尽管目前对民族区域自治政策有各种各样不同的说法,但如果我们回顾这段历史,不难看出当时搞民族区域自治是最佳的选择,因为按照苏联的做法是要搞联邦共和国,这种联邦制就会为随后的民族分裂留下更多的隐患。所以,我们要以历史的眼光来客观看待这个问题。从以往历史到今天的发展,这种民族分裂多有境内外的串通或呼应,形成复杂局面。自中国改革开放以来,境外势力加大了对我国的渗透和支持民族分裂的力度,形势趋于严峻。1998年,美国关于"中国人权"报告开始提出所谓"新疆人权"问题,随之开始实施其"新疆工程";1999年12月,东突民族中心在土耳其境内成立；1999年10月，"国际东突民族代表大会"在德国慕尼黑召开，并在巴伐利亚州设立世界维吾尔代表大会、东突信息中心等机构；2007年4月，在柏林组织了所谓"第二届维吾尔领导人培训班"。美国、土耳其、德国这三个国家在此问题上的言行值得我们高度关注。美国站在西方与我国对抗的最前沿，是各种分裂力量及所谓不同政见者的最主要支持者。土耳其是泛突厥主义主张的发源地，有很大的力量支持所谓"突厥"民族的共聚。而德国则因为土耳其移民乃其境内第一大移民，所以就形成了这种社会氛围和舆论影响。尤其是当热比娅出境之后，各个东突组织得以整合，形成了一股合力，而西方敌对势力也推波助澜，曾经竭力为热比娅申请诺贝尔和平奖。近期以来，"东伊运"等分裂势力利用互联网加强了对新疆的渗透，建立了上百个网站和众多QQ群，使局势更加复杂，新疆暴恐活动明显增加，而且这种局势也开始向外蔓延，在北京、昆明等地都造成了巨大破坏，形成不良影响。所以，中央对于这种暴恐事件采取高压严打的举措是非常必要的。但是在这样的形势下，我们也要标本兼治，特别是要加强攻心为上的谋略，也就是我们在这种外延式法治管理方式的基础上还要加强内涵式的管理，即在伊斯兰教内部、在相关少数民族内部要有我们的正确声音，要有我们可以信赖的人员，要有我们在宗教教义及社会道德上的积极引导。只有加强这两个方面的科学管理，才能从根本上解决这个问题。

3. 佛教

佛教对近代中国社会也有很大的影响。自公元以来，佛教传入亚洲各国，成为东方的世界性宗教。佛教大约是公元前2年传入中国的，在华已有两千多年的历史。佛教在中国经历了一种政治和文化上的转型，从而完成了"中国化"的华丽转身。在政治上它是在4世纪放弃了最初强调的"佛法为至上法"的说法和"沙门不敬王者"的做法，意识到"不依国主，则法事难立"；这种"教随王权"就是佛教在政治层面的转向，由此形成其谋求中国政权支持和宽容这一重要本色。在文化上，则是因为 7 世纪末六祖慧能创立了真正中国化的禅宗，其智慧之悟使佛教的中国精神特色逐渐形成。佛教在文化上发展出一批具有中国典型意义的宗派，如天台宗、三论宗、律宗、净土宗、禅宗、密宗、华严宗、瑜伽宗等，都有与印度佛教迥异的中国特色。现在影响仍然较大的是净土宗、禅宗，净土宗主要是对老百姓的影响大，而禅宗对中国知识分子则有一定的吸引力。

佛教以多条传播线路传出其域外。今天我们接触得比较多的是北传佛教，又称为大乘佛教，最初传入中国的汉族地区，随之从中国传入了朝鲜、日本、越南。另外一支是南传佛教，被称为小乘佛教，但其本身从来不称自己为小乘，而是自称为上座部佛教，主要传入中国的傣族地区，如云南西双版纳等，此外亦传入缅甸、泰国、老挝、柬埔寨等等。还有一支就是藏传佛教，藏传佛教有两种文化因素相交织，7 世纪时吐蕃赞普松赞干布迎娶尼泊尔赤尊公主和唐朝文成公主，从而使中国汉地文化与印度文化都得以融入藏传佛教。它还接受了当地的原始宗教苯波教，故此形成了藏传佛教独特的发展形式。

藏传佛教也有多种教派，如宁玛派（红教）、噶当派、萨迦派（花教）、噶举派（白教）、格鲁派（黄教）、苯波教（黑教）等，只是到了 15 世纪宗喀巴倡导改革，创立格鲁派，才使黄教的力量在各教派中日渐扩大，并形成了达赖和班禅两大活佛转世系统。除此之外，佛教也在欧美地区得以传播，于 1899 年传入美国，1906 年传入英国，1913 年传入德国，1929 年传入法国。在欧美地区，佛教目前也有比较大的影响。自改革开放以来，中国的佛教适应中国社会的发展，已经成为目前中国最大的一个宗教，而且社会影响力也比较大。中国自2006年组织了世界佛教和平论坛，开始尝试影响世界。基于文化影响力的思考，印度这两年也搞了世界佛教论坛，借此强调佛教发源于印度文化圈，这一新的动向颇值得我们思考研究。

现在佛教也有世俗化的趋势，社会上曾经讨论所谓佛教上市、被承包等问题。现在家庭佛堂盛行，民间创办佛教寺庙亦成为时髦，而佛教自身则有教风、戒律上的问题，获得的也并不全是正面评价，故需整改和革新。此外，南传佛教已出现多被外人掌控的局面，很多寺庙的住持都是从境外缅甸过来的。而近两年所出现的藏传佛教自焚事件，也影响到我们国家的安定团结，值得我们高度关注。做好佛教工作，争取其基本信众，是我们社会稳定的必要举措。

4. 道教

在中国的五大宗教中，道教是唯一的中国本土宗教，鲁迅曾经说"中国根柢全在道教"，道教与中国文化基础联系密切。"道"体现出最纯朴、最真实的中国宗教及哲学精神，蕴含着中国文化的奥秘。因此，道教思想与中国知识阶层的关联，道教的礼仪实践，道教的养生文化及生态意识，道教与中国文化如何走出去的构设，都是我们理应研究的大课题。本来，道教是原汁原味代表中国文化特色的宗教，但它的影响在几大宗教中却是最弱的，个中原因颇值得推敲。2007年，中国曾经在香港和西安组织了国际《道德经》论坛，随后也召开了国际道教论坛，还有道教文化节的各种构设。组委会在举行《道德经》论坛时曾策划了一个《道德经》的展览，展示了各种语言、各种版本的《道德经》，使人们意识到它乃是世界上被翻译较多且流传较广的宗教经典之一。我们应该如何体现并弘扬道教文化，这是我们中国文化战略应该仔细思考的问题。

5. 犹太教

除了这些对中国社会有着直接影响的宗教之外，我们还要关注犹太教，犹太教虽然人数不多，1400万~1600万，但它是世界上历史最久的宗教之一。宗教与民族交织难分的犹太民族是一个非常睿智的民族，在今天世界的政治、经济、文化等领域仍引领着整个人类的发展。我们会很骄傲地说中华文化有着五千年的悠久历史，但今天仍然指导着我们思想的马克思主义就是源自马克思这位犹太人。而美国作为世界资本主义第一大国，其经济、政治、文化等关键层面的领导权也是被犹太人群所掌握。关于犹太教的研究，也即旨在找出犹太人的秘密，透过犹太民族来体悟犹太宗教。

在与犹太民族、犹太宗教的交往中，我们中国有着很好的经验和被人推崇的传统。在历史上，犹太人曾受到种种迫害，犹太教亦遭到禁止。在犹太人世界逃亡的经历中，许多国家对犹太教都是采取了打压、排挤的方式，唯独中国对犹太教是比较宽容的。古代来到中国河南开封的一支犹太移民感受到中国这种宽容的气氛，他们慢慢就自觉地融入了中国文化，所以在河南开封的这支犹太人竟然消失了，这在世界犹太民族发展中都是一个特例。尽管对这群犹太人的在华命运有着不同解读，中华文化的博大精深及其包容姿态却是不容置疑的。而在第二次世界大战期间，犹太人逃亡世界各地时帮助他们、接待他们的并不多，但在中国的上海却给犹太人建立了一处专门的避难所，至少有3万犹太人在此期间进入上海避难，其中有名有姓的登记者就至少有18000多人。上海的中国人不顾自己的困难照顾、关心他们，所以犹太人对中国人有着特别的好感。在今天的国际文化交流及传播中，与犹太人的这段历史是我们积极、主动走出去的重要资源。

6. 巴哈伊教

还有一个新兴宗教即巴哈伊教，也是值得我们关注和研究的。巴哈伊教本来是从伊朗的伊斯兰教什叶派中分离出来的，但是伊朗今天仍然严禁巴哈伊教在其境内发展和传播。这样，巴哈伊教的发展主要是在欧美国家。20世纪初，有个中国人叫曹云祥，他在北洋政府担任驻伦敦的总领事期间加入了巴哈伊教，并把巴哈伊教传入了中国。他曾经担任过清华校长，根据他对巴哈伊教的理解而将此教汉译为大同教。目前巴哈伊教虽然只有600多万信徒，其影响却遍布世界230多个国家和地区，其分布仅次于基督教。它在175个国家有总灵体会，其宗教礼拜场所称"灵曦堂"，无神职人员，而其最高机构"世界正义院"则由选举产生的9人集体领导。这个宗教得到了联合国相关组织机构的认可和推崇，故被视为未来发展比较看好的宗教。

（三）世界宗教文化区域分布

从世界宗教文化的分布来看，现在与宗教相关的文化圈大致包括如下区域：一是印度文化区域，其中比较活跃的宗教包括印度教、锡克教和耆那教；二是中华文化区域，有儒教、道教、佛教和民间宗教传统，虽然人们对儒教是不是宗教有不同的看法，但它类似宗教的影响力仍是非常巨大的；三是与中华文化圈相关联的，如日本神道教，越南、韩国、朝鲜及其宗教等，有一些文化区域影响非常之大，但其宗教的根源却在亚洲，只是后来才在欧美得到发展；四是基督教文化区域，这应该说是最大的区域，其历史传统上有天主教、新教、东正教三大教派，在其现代发展中，跨教派的福音派、灵恩派，包括具有新兴宗教特征的摩门教等都非常活跃；五是伊斯兰教文化区域，在地域上它有一个扩展的态势，而且已经从最早的阿拉伯地区发展到波斯地区，现在则主要在东南亚，其在欧洲、非洲也有影响。除此之外，还有一些比较零散的，像非洲文化区域、大洋洲文化区域等，形成了世界宗教文化的分布。

（四）亨廷顿关于宗教与文明关联的"文化圈"理论

由于这种分布，美国学者亨廷顿曾提出了宗教与文明关联的文化圈理论，这是他的文明冲突论所依据的社会历史文化背景。在20世纪初，西方出现了其文明衰落的理论，其历史哲学的危机意识凸显，以德国人斯宾格勒的《西方的没落》和英国人汤因比的《历史研究》为代表性著作。斯宾格勒只是对西方文明出现的危机提出警示，而汤因比则把全人类的古今文明进行了系统梳理，认为曾经出现过二十五六种文明，但是随着历史发展的涨潮落潮，不少文明在相互冲撞中被淘汰，只留下了五大文明。亨廷顿根据留下的这五大文明，再加上苏东解体以后形成的三种文明，形成了他的所谓八大文化圈理论。其基本思路是，每一个文化圈都有相应的宗教作为它的核心价值观和文化象征；传统留下的这五大文明，即西方以基督教为价值体系的文明，中国以儒教为价值体系的文明，日本以神道教为核心的文明，阿拉伯及波斯以伊斯兰教为核心的文明，以及南亚以印度教为核心的文明。随着苏东解体，则又形成了斯拉夫以东正教为核心价值体系的文明，南美以天主教为核心价值的文明，以及非洲的多元宗教文明。根据这八大文化圈，我们大致可以描述整个世界宗教的发展。

由于这种不同的文化圈交接会发生文明的碰撞和冲突，亨廷顿的一个基本观点就是在二者的交接处或断裂带可以频仍地观察到与之关联的领土、民族、宗教冲突等，因而这是民族宗教的敏感区。但这种说法也值得商榷，因为不同文明接壤的地方既可能是冲突的多发地区，同样也可以成为对话的热点地区。这是一个硬币的两面，不能将之割裂来看待。

（五）世界民族宗教冲突多发地区

我们从当前的世界形势来看，世界民族宗教冲突的多发地区包括中东地区、前南斯拉夫地区、俄罗斯车臣地区、乌克兰地区、南亚地区、西亚北非地区、英国爱尔兰和苏格兰地区等。

中东地区有犹太人与阿拉伯人、波斯人之间的冲突，包括犹太教、伊斯兰教和基督教的冲突。而在中东伊斯兰教内部也有不同教派和相关民族背景的冲突，如逊尼派和什叶派，阿拉伯人、波斯人、库尔德人、土库曼人、土耳其人等等。其民族、宗教的积怨很深，化解矛盾的难度很大。

在前南斯拉夫地区，塞尔维亚人、黑山人、马其顿人信仰东正教，自然得到俄罗斯的支持；克罗地亚人、斯洛文尼亚人信奉天主教，则会得到西方的支持；而波斯尼亚人、阿尔巴尼亚人则信仰伊斯兰教，故而得到阿拉伯等伊斯兰国家的支持。为了政治利益及其意识形态立场，西方联盟（美国和北约）竟然支持波黑、科索沃以伊斯兰教为背景的民族分裂势力，对信奉东正教的塞尔维亚人大打出手、毫不留情。在这种民族宗教的冲突下，1992年出现了波黑战争，1999年出现了科索沃危机，并最终导致2006年南斯拉夫联盟彻底解体。

俄罗斯车臣地区则因为俄罗斯人与车臣人，即东正教与伊斯兰教的矛盾冲突而升级为局部战争，由此引发的暴恐事件蔓延到莫斯科等地，不少人死于非命，也给许多人留下了肉体创伤和心灵阴影。

而我们今天关注的俄罗斯与乌克兰的冲突，同样也有不同民族、不同宗教发生矛盾、冲突的深层次原因。其东部的俄罗斯族及其东正教与西部的乌克兰族以及与邻近的波兰天主教的矛盾，使局势复杂并恶化。而乌克兰的东正教现在也和俄罗斯的东正教处于分裂的状况。现在西方各种势力开始进入，欧美情报部门活动频繁，西方与俄罗斯各执一词，其局势很难得到稳妥的控制。

我们周边的南亚地区也不平静。在南亚次大陆的印度斯坦人与巴基斯坦人、锡克人等频发民族冲突，也反映出各自信奉的印度教、伊斯兰教、锡克教之间的冲突，由此导致了印巴分治、克什米尔问题，以及1984年旁遮普邦金庙遭袭和英·甘地总理遇刺事件等。而斯里兰卡也有僧伽罗人（信奉佛教）与泰米尔人（信奉印度教）的冲突，缅甸最近出现了佛教与伊斯兰教（穆斯林群体罗兴迦人）的冲突。虽然佛教通常被视为一个主张和平的宗教，但在这种宗教冲突中也有暴力存在，让人颇为忧虑。

西亚、北非最近出现的"颜色革命"、政权更迭以及暴力战争等，同样也有民族宗教的因素。由于内部不和，给境外渗透势力以可乘之机，而外来势力陷入其民族宗教的矛盾旋涡之中亦很难自拔，如美国等西方势力对叙利亚、伊拉克等国的干涉就处境尴尬，同为逊尼派的反对势力在叙利亚是其支持对象，而在伊拉克却又成为其打击目标。

在英国，同样有英格兰人、爱尔兰人和苏格兰人之间的民族冲突，与之相关联的也有宗教上的冲突，英格兰人主要是信仰基督教新教圣

公会,他们称其为英国国教会;而爱尔兰人则主要信仰天主教,其中一些人曾经主张北爱尔兰脱离英国而与主要信奉天主教的爱尔兰共和国合并,由此导致历史上北爱尔兰及其首府贝尔法斯特两派势力的尖锐对抗和暴力冲突。苏格兰人则主要信仰基督教新教的长老会,属加尔文派。最近我们也听到苏格兰闹独立,希望通过全民公决来脱离英格兰的声音。这种欧洲民族宗教分歧的影响也蔓延到北美,如加拿大就有魁北克问题,即法国天主教传统的移民和英国基督教新教传统的移民在历史上的矛盾冲突问题没有得到彻底解决。

世界上的这些民族宗教问题必然会对中国产生复杂影响。同样,我们也可以从相关国家处理民族宗教问题的利弊之中吸取经验教训,以便能够更加稳妥、正确地处理好我们国家的民族宗教问题,做好这一领域的工作。

二 我国当前有关宗教政策的讨论

(一)世界宗教对我国的影响

世界宗教现状对我国的当代发展有直接影响,因为"全球化"已使跨境民族宗教的关联更加密切。其影响包括如下几个方面。

(1)跨境民族的民族宗教认同意识可能会减弱对中华民族的向心力。因此,我们应该注意这种向心力的培养。2013年我随向巴平措副委员长到广西边界调研,发现当地的京族(就是越南来的移民,其在中国境内为我们的京族)就是因为我们的民族工作做得好而向心力非常强。改革开放给京族带来了实惠,各家盖起了小楼,大家在每座小楼上都自觉挂起了中华人民共和国的国旗。他们的生活状况、民族和谐要远远超出境外越南那边的情况，这种对比自然就减少了离心力、增强了向心力。所以，我们推动民族地区持续发展，搞好民族团结，尊重民族宗教文化，是增强向心力的关键所在。

（2）以宗教作为民族核心价值及民族文化的民族，可能会增强对其宗教发源地的凝聚力，出现离心和异化迹象，应努力使这些民族的宗教信仰与主流价值相和谐，以消除离心力。例如，有人指出世界穆斯林礼拜的朝向都是麦加，而一些中国穆斯林到麦加朝觐回来后心态上甚至衣着上都会发生微妙变化。在这种情况下，我们一定要积极引导，强调我们的主流意识及主流文化会包容、吸纳少数民族和相关宗教的意识及文化，这样能增强其向心力，解除其离心力，把他们拉进来而不是推出去。

（3）民族分裂势力会以民族宗教的方式加强对我国相关民族地区的渗透，民族分裂势力也可能会以民族宗教信仰为掩护或借口，比较突出地向一些信奉伊斯兰教、藏传佛教、南传佛教的民族地区渗透。因此，我们在批判宗教极端思潮的时候，有必要强调这种极端思潮不是宗教本身，而只是对宗教教义的歪曲、误解，因而要正本清源，不能让宗教被民族分裂势力所利用。

（4）民族分裂、宗教离心发展会得到境外相同民族或相同宗教的国度或地区相关势力或明或暗的支持，这里要特别关注包括来自中亚、南亚、中东等地区的渗透及影响。例如，一些中国穆斯林受到来自沙特阿拉伯和巴基斯坦瓦哈比派的影响后而趋于保守，沙特阿拉伯宣布无神论为"恐怖主义"对这些人的心态和社会政治立场亦会有影响。甚至有人偷渡出境而参加极端组织的培训或直接参加所谓的"圣战"，其回国后的言行会给当地带来不稳定因素。对于这些本来与我国关系友好的国家和地区，我们有必要加强文化联系和政治对话，而且要以政府和民间的双层沟通来预防渗透，堵住暴恐势力的"地下通道"。

（5）民族宗教问题的发生及恶化中会有大国的干预或者推波助澜，如历史上中东问题、南亚问题（印巴冲突、斯里兰卡问题）以及中国的西藏问题等都与英国的殖民历史及其遗留问题相关。而这些大国的插手干涉往往会以民族独立、宗教自由、保护人权等为借口，如乌克兰现状所反映的大国博弈，以及造成的国家分裂、内战不断恶果，应该引起我们的高度警惕，我们一定要避免给任何大国干涉留下这类口实。

（二）当前我国宗教理论讨论中出现的分歧

自拉萨"3·14"和乌鲁木齐"7·5"事件发生之后，我们的民族宗教理论出现了下面一些分歧，直接影响到当前民族宗教工作的开展。

（1）如何理解中华民族政治与文化认同、看待中国民众的宗教信仰问题，以及少数民族宗教问题？应该说，认为宗教是中国社会负面因素的看法仍占上风，因此一有问题就习惯从宗教上找原因，不愿意采取把宗教拉进来的举措，许多做法实际上仍然是在把宗教推出去。一个极端是，在民族矛盾尚未减少，甚至在局部出现激化的情况下，仍不尊重少数民族的文化及其权益，希望强行以"先进文化"取代少数民族的所谓"落后文化"，或者主张只提"中华民族"而不提"少数民族"，认为只有一个"族群"，而无多个"民族"，因此急于求成，拔苗助长，不耐烦等待或者不愿意创造水到渠成的条件。另外一个极端就是，在少数民族中有个别人也出现偏激的看法，认为没有中华民族，而只有56个民族。这种理论认识上的对立使民族分歧、民族疏离的缝隙在扩大。其实，中国各民族关系是"多元求同""和睦共存"，既不能以强求"单一"族群来消解多民族共聚的现实,也不能以否认共构而导致民族分裂。在把握其文化认同之度时,宗教认知是关键之一。融汇、整合为单一"中华民族"是一个长期的目标,但目前仍应从尊重多民族的生存及文化特色起步,以获得一种自觉自愿融入的最佳效果,如历史上开封犹太人融入中华民族就是这种自然自觉的结果,这个世界民族史上的特例对我们仍有经典意义。

（2）现在出现了一种质疑我国民族区域自治制度、宗教信仰自由制度,在民族问题上主张取消自治、以"省"统称的观点,在宗教问题上把信仰自由抽象化或虚化,在行动上则仍在干涉这种自由。民族区域自治制度是我党民族工作和政策的重要举措,其意义巨大,不可取消。现在的问题是应该真正贯彻落实民族区域自治制度,使之具有发展优势而不是导致劣势。最近中央召开的新疆工作会议明确表示,民族地区的发展要在坚持民族区域自治这个条件下。在改革开放的发展形势下,民族区域自治制度及其相应政策对于这些少数民族地区的改革发展应该是加分,而绝不可因此出现减分现象。此外,我们应该真正尊重和依靠少数民族精英,要公平对待少数民族干部,而不是虚晃一枪、光说不做或做得不够到位。在少数民族地区的区、市（县）各级至少应该有少数民族干部担任"一把手",而不能清一色地完全由汉族干部担任。我在今年全国人大会议的讨论中就提出过这个看法。最近听说在有关领导的亲自关注下,出现由当地少数民族干部担任"一把手"的发展。这些地区应注重培养"永久性"而不是"飞鸽牌"的干部。在少数民族地区的汉族群众应该与当地少数民族在生育子女、享受补贴等方面获得同等待遇,我们要鼓励在少数民族地区工作的同志学习当地少数民族语言,更好地联系群众,这与少数民族学好汉语这种普通话，是密切关系的双向互动。在宗教问题上，不能把本来是我们自己培养的宗教领袖在思想意识上推到对立面，否定他们的核心信仰。我们应该像培养党政干部那样培养我们自己的宗教领袖，我们在宗教上要尊重其信仰，在政治上则要争取他们从内心爱党爱国。这种内涵式的管理是我们标本兼治、处理好宗教问题的根本出路，最近中央也提出要加强对宗教爱国人士的培养，因此还有很多工作要做。

（3）关于主张在民族地区以"先进文化"取代"落后文化"的观点，其中大多针对民族地区的宗教文化。宗教文化是否必然就是落后文化，我觉得这个观点是应该值得商榷的。其实，不必对文化搞高低优劣或先进落后之分，尤其是对宗教文化的评价上必须谨慎。少数民族从民族信仰及文化信仰的视角认为其文化具有神圣性，对其文化的贬损会导致其反感或反抗。因此，了解并尊重少数民族宗教文化，是在民族地区工作的前提和文化准备。要看到在人类历史上政党文化的历史毕竟要相对短一些，而宗教文化历史悠久、源远流长，不可简单轻易地将之否定。对宗教的过错和问题应客观分析，冷静梳理其历史或现实原因。但目前在宗教认知上仍有人否定宗教文化有积极价值和对人类文明的突出贡献，对凡是对宗教思想文化加以肯定的观点就上纲上线、断章取义、胡搅蛮缠、全盘否定，并扣上"信教""宣教"的帽子来批判。这种对宗教的全面贬损和全盘否定实质上是在挖我们自己政权的群众根基，搞坏我们社会和谐共融的气氛。以"极左"的方式对我党和社会主义中国带来的损失往往更大、更可怕。对此，我们应有高度警惕，应保持清醒的头脑。我们要在积极引导宗教方面加大力度，有更好的策略。

（4）大家现在已经关注到一个非常敏感的问题，就是党员不能信教的观点，以及在民族地区基层党员如何处理政教关系的方式问题。我个人认为，从我们党内组织系统、纪检系统加强党内自身建设是可以这样强调的，但作为公开的统战理论来谈并不很合适。我们一定要看到，在一些几乎全民信教的民族中，其宗教传统被作为其文化价值及民族信仰的核心，在这些少数民族中生活的党员同志如果离开这种全民性的宗教信仰活动，就会完全孤立，脱离群众，甚至在自己的生活上都有问题，因为在当地宗教就是其生活方式、文化传统习俗。19号文件对处理这类问题有相对宽容的举措，但是相应的表述比较模糊，在今天已很难从根本上解决这个问题。正确处理好这一关系，应该仔细研读马克思主义经典作家的相关思考文献和具体政策，认真分析国际社会处理政教关系的经验教训，科学梳理宗教信仰与我们社会主义核心价值观的关系问题，由此提出前瞻性、开创性的理论思考和政策主张。当然，在不同的区域或不同的场所，我们要有不同的侧重点。

（三）中国"政教关系"的特点分析

目前国际上的政教关系大致是三种模式：一是"政教合一"，像梵蒂冈和一些伊斯兰教国家是这种特点；二是"政教协约"，历史上意大利和法国都经历了政教协约的过程；三是"政教分离"，我们国家强调政教分离，美国认为自己是政教分离最为典型的国家。但是，如果我们仔细研究这些政教分离的国家，实际上也不是彻底地分离，欧洲政教分离曾经历过"教随国定"或"教随国主""信由王定"的演变。美国实际上也是"文教一体"，它的文化中融合了基督教的因素，美国总统就职要按着《圣经》宣誓，美国国会开会前也都要祷告，这些仪式本身就说明宗教已经融入它的文化体制里面。美国国务院宗教自由委员会的成员应是政府官员，但他们中不少人在进入政府之前曾是一些教会的牧师等神职人员，这些人离开教会后进入政界，其宗教也有"依于政"的情况，并不是完全跟政治脱离。

我们中国的政教关系基本上体现出中国历史上"政主教从"或者"政主教辅"的特点，从来就是以政统教、以教辅政，政教在中国历史上没有完全分离或者真正平等过。我们今天倡导政教和谐、政教合作，但是从根本上来讲还是有一个主从关系问题。当前中国对宗教的治理仍以党和政府为主导，人事安排、经济支持、宗教场所的建立及管理等，都与其他国家不同，而与中国传统则有着内在的关联和顺理成章的延续。在这种政教关系上就体现出一种与众不同的中国特色。

（四）对中国历史上政教关系问题两种不同的认识

对于中国历史上的政教关系有两种不同的看法。一种是认为中国历史上有着政教结合的悠久传统，这可以追溯到远古颛顼"绝地天通"事件，从此教归政管，民间不能立神建寺、神人杂糅，只能由国家政权实施对宗教事务的有效管理。甚至对神的敬拜也分等级，只有皇帝能够敬"天"，而其臣民则只可敬敬"天神"。

自古至今，中国"政主教从"、国家政权掌握宗教的政教关系传统得以"一以贯之"，从古代掌僧道的"礼部"到今天的"宗教事务局"或"民宗委"，清晰可辨，如唐朝由皇权认可的"蕃坊"管理蕃客，元朝政府设"宣政院"（一品）管佛教、"集贤院"（二品）管道教、"崇福司"管也里可温十字寺（基督教）、"回回哈的司"管伊斯兰教，明朝"礼部"管僧道、"四夷馆"管边疆民族及其宗教、"兵部"管边缘政策及其相应的边疆民族宗教问题、"鸿胪寺"管宗教礼仪祭奠、"卫所"为其边疆基层管理机构,清朝"理藩院"下设六个"清吏司"分管各宗教,民国则由"蒙藏委员会"负责民族宗教事务等。

还有一种看法,则不承认中国有过"国教"的历史,甚至认为中国历史上根本就没有产生过宗教。此论坚持"儒"不是宗教,因为中国古代史上就不存在所谓作为宗教的儒教,更谈不上有政教合一的政体或者相关联的"国教"传统。

这种观点始于20世纪初,如梁启超、梁漱溟、蔡元培等人就认为中国没有宗教,或者根本就不需要宗教。但这种观点经常会自相矛盾,曾经主张"中国无宗教"的这三人本身关于宗教的认知前后就不统一,他们否定宗教后不久就又间接或直接地肯定了宗教。甚至当前有些反对宗教及宗教文化的人在自己的理论中也自相矛盾,如在否定基督教的同时却肯定了佛教,并认为这是中国文化理性选择使然。这实际上又违背了一切宗教一律平等的基本原则。而且,肯定佛教的文化价值,实质上也就肯定了宗教的价值,这种逻辑关系清晰可辨。宣称中国无宗教或者少宗教,实际上在当今国际社会的文化相遇和竞争中就等于自废武功,已从根本上放弃了中国走出去的文化战略。

宗教文化在中国现实社会中如何定位?它的真实情况究竟怎么样?这些都是值得我们认真研究的。我们对宗教的认知,从今天的现实情况来看并不乐观,政治层面的认知固然重要,但是远远不够,所以我们要从社会层面、文化层面切入,最终能有一个整体性、综合性的审视。

三 我国宗教现状及文化战略思考

(一) 当今中国宗教存在的三大板块

我个人认为当前中国宗教存在三大板块,即"护持"型的"核心板块",包括"五大宗教",政府会用此来"扶本化外";"自发"型的"新生板块",包括"五大宗教"之外的任何宗教和其教派;"模糊"型的"边缘板块",即大众信仰、民间信仰、神灵崇拜、英雄及领袖崇拜等。

所谓"核心板块",就是我们今天习称的政府所承认的五大宗教,它们实际上代表着我们国家的宗教,而且在我们国家政权的扶持、肯定和帮助下,体系完备、组织严密、网络齐全,占据了中国宗教的核心地位。这些宗教的领袖可以参政议政,甚至可以担任各级领导,如佛教界领袖赵朴初和基督教界领袖丁光训主教曾经是全国政协副主席,天主教领袖傅铁山主教曾经是全国人大常委会副委员长,这都属于国家级领导人;另外,在省部级、司局级、县处级都有宗教界人士。这些宗教活动场所的建设及维系也主要是国家资助的,政府还发给教职人员生活津贴或补贴。从新中国成立初期到现在,我们国家领导人给宗教界政治上的待遇、生活上的帮助、社会承载方面的支持,都是非常明确的。

所谓"新生板块"是指改革开放以来在获得政府合法登记的五大宗教以外出现的其他宗教或者教派,如家庭教会,影响较大的有北京的守望教会、上海的万邦教会、成都的秋雨之福教会等;伊斯兰教有瓦哈比派、新苏菲教团等;此外,还有新兴宗教如摩门教、巴哈伊教等。所谓"新生",只是相对于中国改革开放以来的当代社会而言,它们实际上都有自己的历史传承及社会背景。对这些宗教的处理,既涉及我们国家的国际形象,又与国内社会稳定直接关联。

所谓"边缘板块",关涉我们对宗教的理解,如大众信仰、民间信仰、神灵崇拜、领袖崇拜等等究竟是否为宗教,我们对此既有认识上的模糊,也有实践上的模糊。我们今天社会中得以恢复或重新涌现的很多大众信仰和民间信仰,都存在在宗教社团中如何定位的问题。比如说,福建就有解放军庙,这在英雄崇拜中是非常典型的;此外,在革命老区有很多领袖崇拜,各地也有地方特色的"好人"崇拜,其中有些已经成为著名的非物质文化遗产。这些究竟算不算宗教?或者说具不具有宗教意识?对它们应该怎样认识区分?这到目前仍然意见非常多,分歧非常大。

最近,社会舆论又在讨论所谓邪教和宗教到底是什么样的关系问题。现在我们的社会民众有很多模糊的认识,很难达成共识。对此,我们可以作如下梳理。

其一,对"儒教"到底是不是宗教的看法不一。现在国内很多学者包括政界人士认为儒教不是宗教,但也有一些学者如我们所的创始人任继愈先生就认为儒教在历史上本来就是一种宗教,它作为封建王朝的官方宗教在1911年辛亥革命以后才不复存在,但它影响中国几千年的基本形式是一种宗教的形态。虽然儒教的定位不明,但是全世界对孔子儒学的关注却非常高。在中国文化象征形象上,联合国比较公认的是孔子的形象,我们走出去所办的官方学院也称为孔子学院。尽管国际上如此尊重地以孔子作为我们中国文化的重要标志,孔子在我们国内的形象却成为问题。国家历史博物馆在装修后重新开放时曾在北门靠天安门广场的东侧立了一个孔子的塑像,但这个孔子塑像在外面只立了一百天就在各种批评声中消失了。孔子地位未定、中国传统文化形象模糊,这直接影响到我们中国的文化思考及文化战略。

其二，对民间信仰的认识也非常模糊。我最近去浙江搞了一些关于民间信仰的调研，看到目前民间信仰的存在形式是多种多样的，如有的是以宗教团体的方式存在，有的是以民间基层社区的形式、非物质文化遗产或民间遗产的形式在传承，有的是以忠义堂、好人馆的方式以宗教礼仪来纪念相关地方历史上的这些好人，其典型如关公的形象、妈祖的形象等，原本都是历史上的人物，因其功德而最后演变成民间的神明。民间信仰问题还涉及对海外华人的统战工作问题，以及由此关联的文化软实力、竞争力问题。

其三，就是很多民众所表现的宗教心态问题。例如，不是宗教徒却在教堂过圣诞节、举行婚礼，在庙宇道观烧香拜佛，这种颇为普遍的现象到底算不算宗教？还有些人包括某些领导干部也"不问苍生问鬼神"，仰慕"宗教大师"，怕遭神明报应，等等。这种心理状况可否被视为宗教的心境？在今天我们对此仍然处于模糊状况，有着不同的看法。

（二）处理宗教问题的对策研究

面对这种情况应该怎么办？我个人认为，应该抓好积极引导、加强管理、独立自办这三个关键环节。也就是说，要使宗教发挥它的正面作用，发挥正功能、正能量。处理民族宗教问题的基本底线，就是要注意宗教不能一教独大，民族不应一族独居，而必须是彼此"嵌入"式的交互发展、共同繁荣。中国宗教的未来发展与全面小康社会建设有着密切关联，处理宗教问题应与社会建设、文化建设相结合。

从总体发展来看，宗教在社会层面应该有服务参与、人间共建的姿态，在文化层面应该有承上启下、发扬光大的责任，在信仰层面则要有返璞归真、保持纯洁的自律。我们对宗教的管理应该是"拉进来管",不要"推出去乱'。对此,我个人认为应该注意以下四个方面:第一个是中国宗教在意识形态及政治意向上应该怎样发展的问题,第二个是中国宗教在社会适应、法律服从上应该怎么注意的问题,第三个是中国宗教在现代社会的定位及公共作用上应该怎样选择的问题,第四个是中国宗教在文化建设或精神生活上应该如何发展的问题。

中国的宗教在当代发展所面临的最为复杂的问题,就是在信仰理解和价值层面上与主流意识形态的关系问题。从传统的认识来看,马克思主义与宗教意识、无神论与有神论的关系似乎只是一种对立甚至对抗的关系,二者在精神信仰层面上的彼此抗拒亦很难化解。在"冷战"结束以后,中西方价值观和意识形态方面的对立仍在延续,这些问题继续存在,我们在对宗教的分析上也有"宗教鸦片论""宗教文化论"及宗教是"把握世界的一种方式"等不同看法,在处理宗教问题上有是"斗"还是"和"、是"统"还是"分"、是"拉"还是"推"等不同选择。这些分歧不仅没有解决,而且还在扩大。

从整体来看,我们如何理顺与宗教的关系,基本上有两种思路和意向。一种认为积极引导宗教、使之与社会主义社会相适应,只能立足于"社会"意义上,而不可能在社会主义的意识形态、思想价值层面上让宗教实现真正适应。这种看法的基点是认为宗教的本质是负面的,只能有消极的评价,因此对宗教虽然在社会政治上可以团结合作,但是在精神信仰上最多也就是相互尊重而已,不可能把它看作"自己"的力量。这种方式实质上就是把宗教从我们的价值体系及文化层面上推出去,认为宗教不可能跟我们在深层面上相适应,其选择显然是"存异"大于"求同"。对于这种思路或看法,则需要关注并解释通这些层面的问题。

(1)社会主义社会存在与宗教的关系问题。我们今天宗教的存在,不再是1949年以前半封建半殖民社会的存在，更不是19世纪西方资本主义社会中的那种宗教存在。马克思主义强调的是社会存在决定社会意识，经济基础决定上层建筑，当社会存在、经济基础改变以后，社会意识等上层建筑会不会发生变化？现在为数不多的人在深刻思考这个问题，这是我们讨论社会主义社会跟宗教关系的一个最基本的起点，如果没有把这个基本问题弄清楚，其他说法是否能坚持马克思主义的最基本原理都很难保证。

（2）我们党和政府的干部对宗教的管理问题。一方面，我们的相关文件及文章谈到党员不能信教；但另一方面，我们的党员干部却以宗教人士的身份在宗教社团任职，而且实施对宗教实际而有效的管理。这是一个公开的秘密，从国家级宗教团体到省市级别的宗教团体，都存在这种管理方式。这种现象应该怎么分析、怎样找出其理论依据，仍是我们未达成统一见解的问题。

（3）在几乎全民信教的少数民族地区，基层党员的生活与工作应该如何开展的问题。

（4）我们党和政府有关部门对中国宗教领袖的实际任命以及对宗教精英人士的培养问题。一般来讲，宗教界的领导权会由我们的政府来确定或至少是默认，宗教界的建设涉及社会政治和宗教信仰两个层面，中国宗教界的爱教是信仰层面的，其爱国爱党则是政治层面的。政治信仰和宗教信仰是不是可以分开？还是只能挤在一起？如果只强调对立或相异，那么怎样真正可能实现对宗教界领袖的培养及任命？这是值得我们研究的问题。

（5）我们党的统战理论及实践的历史发展对宗教团结、合作的关系问题。其实，我们党在统战方面有很多创新的做法，其统战理论的一个基本原则就是使我们的朋友越多越好，让我们的敌人越少越好。我们党的统战理论和实践在过去非常成功的经验，在今天新的情况下还应不应该继承和发扬？在社会主义条件下，让宗教领袖及信众在政治信仰上服从我们党，紧跟我们党，应该是很容易做到的。而在宗教信仰上，我们可以尊重其对来世、对彼岸的看法，这个并不妨碍我们今生今世为了社会发展这一大目标来共同努力。

（6）列宁在他的关于社会主义与宗教关系的两部著作中提出，共产党可以让信教群众入党，甚至也可以让司祭即宗教神职人员入党的思路，我们今天在中国应如何理解？是否可以采用？列宁认为可以把握两个基点：一是这些人不能违背我们的党纲，如果违背了党纲就要将之清洗出去；二是我们要尊重他们的宗教信仰，可以允许他们在党内保持其宗教信仰。大家可以看看列宁的相关论述，文中说得非常清楚。这是列宁在刚开始社会主义实践时的一些初步思考，我们今天在中国社会主义实践60多年之后，是不是可以结合中国国情、当代世情提出更清晰、更完备的思路？

（7）对国际上现存社会主义国家政教关系基本情况的分析。除了中国以外，还有朝鲜、古巴、越南、老挝等宣称其国家政体是社会主义。朝鲜的情况比较复杂，我们就不谈它了。古巴处在拉美天主教文化圈中间，古巴共产党为求更好地生存，在它的发展过程中修改了党章，允许其党员信仰天主教，这样更能接近群众。古巴离美国那么近，能够顶住美国长期的封锁、干扰，坚持社会主义到今天，其政教关系是值得我们研究的。越南尽管现在与我们有南海、西沙群岛等领土争议问题，却宣称自己还是社会主义国家。越南共产党允许其党员信仰传统的越南宗教，而不许信仰基督教等外来宗教。但据传越南共产党现在也允许其党员信基督教，结果基督教反而因越共由此掌握了其领导权而感到担忧、害怕了。如果我们对党有信心的话，在政治信仰层面是可以掌控宗教团体的，并不必然会被宗教所掌控。老挝的共产党则允许其党员信仰南传佛教，因为它是南传佛教的重要传播地，在社会发展还远远没有达到人民能够自觉摆脱宗教影响的情况下主张尊重现实。东欧剧变以后，甚至俄罗斯共产党目前也在思考其政教关系方面的得失，对俄罗斯的东正教也采取了比较友好的态度。

对于这些情况，我认为至少在宗教问题上要持谨慎研究的态度，而不要轻率地说宗教跟我们在意识形态、文化价值方面是完全对立的，更不能简单地把宗教踢出去。如果目前在理论和实践上对之还没有一种稳妥的解决办法的话，至少可以采取一种模糊的姿态，留有更大的回旋余地，而不要硬逼着宗教界或者社会上的相关人群马上作出非此即彼的选择。

另外一种思路则是突出马克思主义理论体系作为当今中国主流价值和主流意识形态要有一种开放性、创新性，要具有发展观，强调中国化、当代化和与时俱进的发展。这样，既强调宗教与我们的政治信仰在社会层面的求同，也在小心探索双方在思想信仰领域可能的共识。比如，在社会层面，不仅坚持积极引导宗教与社会主义社会相适应，发挥宗教在促进社会和谐方面的积极作用，而且更侧重攻心为上，寻求"心"的统战、精神的和解。这就是从以往的斗争意识转向全新的和谐态度，从注意宗教教义中的积极因素，到考虑宗教信仰与社会主义核心价值观的协调关系，争取有深层次的积极对话。

在这些方面，我最近学习了习近平同志关于社会主义核心价值观要接地气、要与中华优秀传统文化相结合的重要讲话，感到非常有启发，亦感触颇多。在我们的中华优秀传统文化中，不可能排除宗教文化的参与，如果排除了宗教文化，我们中国的传统文化内容本身就很少很空了。从这个意义上来讲，我认为宗教文化与社会主义核心价值体系的关系在有些方面是完全可以积极引导的。我们采取海纳百川、有容乃大的开放姿态，我们的文化体系就能更包容、更深厚，同时也就更强大。我认为在社会主义社会中没有必要过分强调与宗教的意识形态分歧，因为这种宗教意识形态既然主要反映的是我们自己这个社会，就值得我们对之重新审视和研究。我们应该站在这种价值体系上，把宗教纳入我们的文化体系、文化认同和民族和谐之中，从根本上消除宗教不能融入我们社会的内在障碍，让宗教真正脱敏，成为我们社会的正常反映和正常现象。必须意识到，如果我们硬要搞垮宗教的话，实际上会把我们自己拖垮。从这个方面来讲，我们要看到宗教界在积极适应我们的社会主义社会。正如丁光训主教在推动神学建设时所强调的是博爱精神，提倡的是爱的神学。中国当今宗教表达了向我们的意识形态靠拢的意向，在此情况下，我们轻轻拉一下，宗教就可能站在我们这边，成为我们的朋友和同盟，但是我们如果刻意使劲把它往外推，宗教也可能会成为我们未来的敌对势力。我们的决策睿智极为关键，必须要有"四两拨千斤"的大智慧。

在社会适应和法律方面，则要加强管理，就是要依法管理宗教，强调法律的尊严和权威。我们一定要尊重、保护合法，严打非法，防范极端。我们在依法治国方面要关注对宗教的依法管理，科学、智慧地把宗教管起来。

宗教在当代社会以社会关怀和社会服务为其主要的社会功能，并在相关国家和地区的民政事务中发挥着积极的作用。由于政治发展的变化和国际环境的改变，中国宗教在政治层面有了一个基本的表态之后，理应在一定程度上从政治领域"淡出"，更积极地参与社会服务，发挥宗教在这一领域的优势及其社会工作的优良传统。这才是宗教真正的社会功能，因此宗教应在社会慈善、福利事业上有更大的投入、做更多的贡献。

社会应该按社团管理来依法登记合法宗教，对资质不够的可以先备案，给其整改、完善的过渡期限，以便让宗教"在阳光下信仰"，彻底消除以宗教之名的地下、黑社会存在。而宗教的任何政治参与，则只能以政治的方式来相应处理。

十八大报告论及当今中国社会必须关注五大力量，这对于实现我党我国"两个一百年"目标至关重要。第一是政治力量，我们有8000多万中共党员，此外还有90多万民主党派成员，代表了社会部分精英，这也是值得关注的政治力量。第二是经济力量，我们现在有300多万工商联组织会员，有4000多万个体工商户成员，有些企业在经济发展上有了举足轻重的地位，有一些企业家在社会上的影响越来越大，颇具号召力。第三是华侨的力量，现在有3000多万港澳台同胞，有6000多万海外华人，合起来有将近一亿人，海外华人中间绝大部分也有宗教信仰，我们做好华侨尤其是海外华人的工作至关重要。第四是民族的力量，我们必须强调"贯彻党的民族政策，保障少数民族合法权益，巩固和发展平等团结、互助和谐的社会主义民族关系"。我国有少数民族1.1亿多人，民族自治地方占全国陆地国土面积的64%，西部和边疆绝大多数地区都是少数民族聚居区；全国陆地边界线长约2.2万公里，其中1.9万公里在民族地区；55个少数民族中，有44个民族实行了民族区域自治，共建有5个自治区、30个自治州、120个自治县（旗），实行民族区域自治的少数民族占全国少数民族总人口的71%。少数民族在中国的覆盖面是非常广的，尤其是在边疆地区，少数民族群众的影响非常大。第五是宗教的力量，我们至少有上亿信教群众，从其3亿人数上来讲，我们的宗教人数非常多，尤其值得我们重视。这五大力量都与宗教有着直接或间接的关联，所以，在社会层面发挥宗教的积极作用是我们应该努力去做的。

在文化建设上，中国文化从来就是一个开放体系，有着"海纳百川"的优秀传统。中国传统文化的精神特色离不开儒佛道的在场，而且这"三教"在过去中国文化史上发挥了主要作用，曾处于关键性地位。中国当代社会正开始一个"文化寻根""文明溯源"的新"高潮"，并在迎来"文化大发展大繁荣"的时代，这种文化意识的重建不可避免地会体现中国宗教传统的厚重和积淀。这也可以促进中国社会的宗教理解，对中国文化的性质重新反思和定位。中国文化传统的"仁义礼智信"五常之"礼教"与宗教的关联，民族文化与宗教的密切关系，使我们在文化战略的思考上必须关注宗教在中国文化价值及社会秩序维系中的意义与作用。特别是在民族地区，宗教和谐是全面小康社会建设的必要基础和重要保障，是维持社会稳定、促进民族团结、体现民心民意的基本条件。社会主义核心价值观不必排斥宗教文化，因为宗教文化也是中华优秀传统文化的重要组成部分。当然，我们也要认识到宗教在文化建设和精神生活方面的与时俱进，中华传统文化五千年既有精华也有糟粕，宗教的情况也是如此。所以，我们要弘扬宗教的积极因素，淘汰它的一些消极因素，要让宗教不断改革更新，适应我们社会的发展，跟上时代潮流。这样，同我们的文化发展、文化繁荣就可以吻合起来。

（三）丝绸之路重构与文化战略思考

下面再简单谈一下丝绸之路的重构与文化战略思考问题。历史上的丝绸之路或者海上丝绸之路，宗教交流占有很大的比重，我们今天强调"一带一路"，即丝绸之路经济带和海上丝绸之路不可能脱离宗教问题。所以，我们要关注丝绸之路的宗教之本，认识到这是我们今天进行丝绸之路建设一个非常重要的文化积淀。

1. 历史上丝绸之路与海上丝绸之路的宗教之魂

始于西汉（公元前2世纪）的丝绸之路不仅是中外政治、经济交往之路，更是文明相遇、文化交流之路。其中丝绸之路的连接和保持以及海上丝绸之路的开拓，亦有着重要的宗教因素，过去丝绸之路的生命力靠宗教的往来得以维系和延续，故而体现出典型的宗教之魂。丝绸之路历史上的各种宗教交往及其在中国的传播包括佛教、琐罗亚斯德教（祆教）、景教、摩尼教、犹太教、伊斯兰教、天主教等，这种宗教文化的交流对于丝绸之路的发展具有重大价值，我们今天应该以史洞今，从宗教的文化战略意义上为当前丝绸之路经济带及海上丝绸之路的重建提供有益的启迪和借鉴。

2. 泉州在丝绸之路历史上的重要作用与现实意义

泉州是"海上丝绸之路"的起点，伴随"海上丝绸之路"的兴起，泉州是伊斯兰教传入中国最早的地区之一，跟随其后的天主教、摩尼教、基督教、印度教、神道教、印度教也相继在泉州传播。因此，泉州是海上丝绸之路的重镇，是沟通海内外的重要桥梁，具有独特的文化战略意义。由于这种海外交往的特色，泉州与海外华人有着广泛的接触和深入的交流，并对海外华人的宗教有着深刻而透彻的理解。从世界范围的华人宗教信仰来看，大致可归纳为如下几类：一为世界三大宗教，如华人基督教、华人穆斯林和华人佛教群体；二为中国传统宗教，如道教、儒教、三一教、德教、妈祖信仰等民间宗教群体，但多以孔孟道德社团、文教基金会等为名；三为新兴宗教群体，如巴哈伊教等。泉州在与世界华侨社会的联系上自然亦涉及与上述宗教及其社团的关联。所以，海外华人宗教研究理应成为泉州文化建设中的一个特色、一大亮点。

3. 泉州是中国最为著名的世界宗教博物馆

泉州在研究宗教历史和宗教发展现状上都具有举足轻重的地位，素有"宗教胜地"之称。所以，泉州在宗教历史研究中亦有其独特优势。

从泉州宗教的历史发展来看，各种宗教都在较早的时期传入。例如，西晋太康九年（公元288年），佛教开始在泉州传播，并建立佛教寺院。著名的开元寺始建于唐垂拱二年（686年），初名莲花寺，长寿元年（692年）改名兴教寺，神龙元年（705年）又更名龙兴寺，唐开元二十六年（公元739年）唐玄宗下令全国各州建开元寺，遂改现名，但泉州开元寺在全国具有宗教开放、宗教交往的独特意义。道教于西晋太康年间（280~289年）开始在泉州传播，并建造了位于市区的白云庙（现元妙观）。位于清源山的老君岩道教雕像，成为泉州道教的重要标志。伊斯兰教在唐武德（618~626年）时期开始在泉州传播。伊斯兰教创始人穆罕默德高徒三贤四贤埋骨之地灵山圣墓后来成为海内外穆斯林景仰、朝拜的地方，亦使泉州在中国伊斯兰教历史中有了与众不同的地位。始建于北宋大中祥符二年（1009年）现存于市区的清真寺是中国最古老、具有阿拉伯建筑风格的十大名寺之一。现存的300多方伊斯兰教石刻，占全国同类石刻的三分之二以上，驰名中外、弥足珍贵。摩尼教于隋唐时期已在中国流传，唐代时泉州其教踪影始现，宋元时期已活动频繁。位于晋江市的摩尼教石刻遗址，不仅是全国独一无二的摩尼教遗址，而且也引起全世界的关注。摩尼教文献最近亦多有发现，并引发多家媒体报道和学界深入发掘。景教自唐朝贞观九年（公元635年）从海上丝绸之路开始传入泉州。意大利天主教方济各会于公元1306年将天主教传入泉州，元皇庆二年（1313年），在泉州建立主教区，哲拉德为第一任主教。元延祐五年（1318年）后，由裴莱格林、安德鲁等人继任。此外，泉州还有众多印度教、古代拜物教等多种宗教的墓碑和石刻的珍贵遗迹，其宗教传播的多样性得以充分体现。

目前，泉州海外交通史博物馆收藏了大量宗教历史文物，它是中国唯一反映航海交通历史的专题性博物馆，其丰富多样的藏品、珍贵独特的文物使人们感受到其作为古代东方大港——刺桐港的昔日辉煌，成为学者研究丝绸之路往昔的宝地。

泉州在丝绸之路上曾经起过非常关键的作用，而且今天也有其持续发展的现实意义。泉州是海上丝绸之路的起点，伴随着海上丝绸之路的兴起，各种宗教也传入泉州，泉州是历史上中国各种宗教最为集中之地，因而无愧于世界宗教博物馆的称号。既然泉州有这么重要的地位，我认为泉州弘扬宗教文化，做好宗教工作都是可以起到表率作用的。所以，我是带着非常虔诚之心到泉州向各位领导、各位专家及学者来学习的。这些年来，我跟华侨大学有着密切的交往，从华侨大学也学到了很多宝贵知识，尤其是在泉州历史上的宗教文化、海上丝绸之路的宗教等方面获益匪浅。对于这些领域的研究，我认为泉州是应该当仁不让的。在此，我要特别向我们泉州的各位领导还有华侨大学的老师和同学们表示深深的敬意！

总之，今天的宗教随着改革开放的深入发展，已重新成为我们必须关注的一大问题。今天的中国，正处于如何引导宗教积极适应社会发展、文化更新的一个非常关键的时期。为此，正确认识宗教的意义和作用仍至关重要。我认为，应该在我们的社会文化大发展的过程中，对宗教进行积极的引导，应该调整好我们对待宗教的态度，在法律、体制、精神等层面让宗教与我们相和谐，而且为我们的社会发挥积极作用。也就是说，要增加它的正能量、正功能，减少并消除它的负面影响。在今天我们实现中国梦的努力中，我们工作的重点就是应该使宗教信仰发挥它的积极作用，得到积极引导。

以上所谈仅供参考，不当之处，请各位领导、朋友批评指正。

谢谢！

金鉴明简介

金鉴明 环境生态学专家。1932年1月23日出生于浙江省杭州市。1955年毕业于上海复旦大学，1960年毕业于苏联列宁格勒大学研究生院，获生物学博士学位。

曾任国家环境保护局总工程师、副局长、总局科学顾问委员会副主任等。现任国家环境保护部研究员、环境保护部顾问、国家环境咨询委员会委员、中国环境科学院学术委员会委员暨生态研究所学术委员会主任委员，中国人与生物圈国家委员会副主席、中国生物多样性与绿色发展基金会创会副会长及专家委员会主任，上海复旦大学、北京林业大学博士生导师和中国环境科学研究院博士后导师。1997年当选为中国工程院院士、2007年当选为国际欧亚科学院院士。在环境工程学科领域作出了重大贡献和富有创造性的成就，是生物多样性保护研究，物种移地、就地保护工程和自然保护区设计、建设工程等领域的开拓者和奠基者之一。其成果具有开创性、指导性和应用性。由此多次获得国家和省部级科技进步奖以及何梁何利基金科技进步奖、国家"七五"科技攻关突出贡献者奖、全国优秀图书奖、环境与发展国际合作奖、环境金牛奖，被国务院表彰为对中国科技事业有突出贡献的专家等。出版学术著作十余部，在国内外发表学术论文120余篇。

绿色发展与生态文明
——绿色转型可持续发展模式的探讨

金鉴明　　　　　2014年7月4日

谢谢华侨大学给我这样的机会,能够到这里和大家一起交流,我非常高兴。非常感谢今天在百忙之中出席会议的许多领导,也感谢我们的师生以及来宾!

我今天要和大家交流的主题是"绿色发展与生态文明",这个命题是社会方方面面都非常关注的,因此我很想和大家一起来交流探讨,共同推进这方面的工作。绿色发展和生态文明的内涵很多、范围很广,我从绿色发展与生态文明和环境保护的关系方面来探讨。为什么选这个题目呢?我本人在20世纪70年代初就从事环境保护工作,一直到现在40多年,所以也有一些体会,有一些小小的经验。结合十七大提出的生态文明,以及在这个基础上十八大对生态文明的进一步提升,对于绿色发展与生态文明进一步结合我的专业背景和工作状况,谈一点体会,抛砖引玉,也作为大家批评的靶子。

内容主要有四个方面:第一,绿色发展的进程与内涵;第二,绿色发展和环境保护的关系;第三,绿色发展与生态文明引领新举措新模式;第四,结论与建议。

一 绿色发展的进程与内涵

1. 由来

绿色发展的过程有几个阶段,这些都是里程碑式的阶段。

第一阶段是1962年的《寂静的春天》,美国生物学家卡逊调查了很多地方和许多课题组,总结了一些内容,出了一本书叫《寂静的春天》。过了十年以后,在瑞典斯德哥尔摩举办了1972年的世界人类环境大会,当时提出了两个观点。一是提出"增长的极限",也就是说,不能无限制地增长,无限制地争取增长不现实,这必然导致不可持续、不协调、不平衡的结果。另外,提出人类世界只有一个地球,特别是发达国家过度利用资源,环境破坏严重,当时计算出,如果继续用20世纪60年代以前的生产方式来发展,20个地球的资源能源都不够用。所以在世界人类环境大会上提出人类只有一个地球,人们不能过度地开发资源，从而破坏生态、污染环境。

第二个阶段，过了十来年，又出版了一本书叫《我们共同的未来》，这是非常著名的。在世界上有三个组织，即 IUCN（世界保护自然保护联盟）、WWF（世界自然基金会）、UNEP（联合国环境规划署），这三个组织，老师同学们都能在文献里找到，它们经常发表世界性的观点，它们联合组织了 200 多名世界著名的科学家，历时多年出版了《我们共同的未来》。我们要找到共同的未来，这本书已经翻译成中文了。书中有一个最著名的观点或定义就是可持续发展，我们现在世界上都在讲可持续发展，可持续发展是 1987 年在这本书里提出来的。要注重当代也要注重代际，要人们注意和警惕，不能光考虑本代人的利益，要考虑到后代子孙，要考虑到下一代。地下的煤炭不要都挖光，水资源也不要全部用完，要考虑下一代和下下一代，他们还要生存。所以可持续发展的观点就是要考虑到本代人的利益，更要考虑到子孙后代的生存及环境，本代人不能把资源能源消耗光、森林全部砍光，那是不可持续的，可持续发展的观点在一系列重要国际会议上被肯定并写入文件中。

第三个阶段，在世界经济危机的背景下，1989 年产生了蓝色经济，也就是提出了如何防止经济危机的问题，提出了经济的可持续发展观。

第四个阶段，1992 年在里约热内卢召开了联合国环境与发展大会，180 多个国家的首脑都参加了，制定了《生物多样性公约》，同时《我们共同的未来》提出的可持续发展理念和战略进一步得到世界性国际会议的肯定。

为什么《寂静的春天》要放在最后说？《寂静的春天》和我们的

关系非常密切。农业有了这些发明后,农业不断增产,几倍几十倍地增长,经济大发展,人类社会很富裕,发明了化肥和农药对农业增产非常有利,但是没有考虑带来的后果。书中写道:为什么你现在幸福了,但我们是在幸福的坟墓里?树上本来有知了叫、鸟叫,现在没有了;地上本来有蛐蛐叫、青蛙叫,也没有了,都没有了。为什么叫《寂静的春天》?春天本来是万物复苏,大小生物都在活动,突然间都没有了,寂静,形容这个世界像死了一样寂静。因为小鸟在田里吃庄稼,鸟就被毒死了,农田里的化肥和农药每年不断积累,土壤被污染了,在大地上生活的小昆虫都没有了,也听不到青蛙的叫声了,其他的声音都没有了。所以该书作者形容春天一片死寂,你们不要觉得幸福,实际上人们将要或正处在幸福的坟墓之中。这本书震动了全世界。

刚才讲的几个阶段,几乎每间隔十年就有一个里程碑式的拐点,或者有一个里程碑式的出版物、文件,这是从时间上排序。这些都是世界上非常有历史意义的阶段。

2. 内涵

20世纪以来,在应对气候变化、战略资源紧缺和金融危机等一系列全球性问题和挑战的背景下,要实现传统经济的发展和增长,发展的模式需要反思。传统的发展模式必须转变,必须向协调经济发展和资源环境关系的绿色发展模式转变。从刚才讲的几个阶段来看有很多问题,现代化大工业、大农业有很多不足。这样的观点越来越受到国际社会的关注,很有名的就是联合国环境规则署2002年发表的观点,必须要转变为绿色发展模式,由传统模式向绿色发展模式转变。绿色发展作为一种可持续发展的模式，它的实质就是强调经济发展与环境保护的统一协调，这就是环境可持续发展的模式，它是针对传统发展模式来讲的。传统发展模式把经济增长放在优先位置，以消耗资源和污染环境为代价，造成发展的不可持续、不可协调，这种发展模式需要转变。

绿色发展的核心是提高资源环境协调利用水平，绿色发展的观点是一种创新，绿色发展是一种新的发展模式，从传统模式进一步提升转变为新的模式。绿色发展是针对传统模式的变革和创新，这种创新涉及技术、制度、政策、文化等多种因素，因此绿色发展强调要以绿色技术和绿色创新（包括技术创新、结构创新、制度创新）来支撑，这是在中科院战略发展研究大课题里提出的绿色发展和创新的观点。

李克强总理在中国环境与发展国际合作委员会上提到，绿色发展是从源头上减少资源的消耗，防治环境污染的有效途径，也就是从有利于发展新优势、扩展新空间、推动绿色发展等方面破解资源环境约束难题。刘延东副总理也在绿色发展与科技创新论坛上提出，依靠科技创新、实现绿色发展已经成为人类共同的选择，也是世界经济发展的大趋势。绿色发展是一种可持续发展的模式、统一协调的发展模式，所以传统的以经济增长为核心的发展模式，要向以协调经济发展和资源环境矛盾的绿色增长模式转变。绿色发展的内容很多，包括绿色的理念、经济、技术、产业、消费、管理等等，这些几乎涵盖了经济、社会、文化、科技等各个领域。

二 绿色发展和环境保护的关系

第一,发展中的环境问题和现状。中国社会经济发展取得了举世瞩目的成就,已经成为世界第二大经济体,但是在取得辉煌成就的背后,依然存在很多问题,发展所付出的代价太大了,不协调、不平衡、不可持续的矛盾依然存在。十七大报告总结了"三个不",这是前总理温家宝在政府报告里提到的。

第二,发达国家在一两百年的工业社会发展中分阶段产生的环境和生态问题,我们集中在这30年都反映出来,这样一比就可以看到污染问题的结构性、复杂性和严重性,老问题还没有解决,新的环境问题又继续产生。我们面临的环境问题比世界上任何国家都复杂,解决的难度也比世界上任何国家都要大,通过近几年的努力,环境形势有了很大的改善,但是总体评价是局部有所改善,基本上环境污染和生态破坏还没有得到根本改善。

我们当前的生产模式和消费模式不可持续,产业污染短期内难以根本解决。工业化和城镇化进程中,环境压力持续加大,新一届政府对当前的城镇化规划非常重视,前不久国家发展和改革委员会发布了一个关于工业化、城镇化的规划指导意见。总体来讲,现在工业化、城镇化面临的环境压力很大,污染事故和环境风险不断出现,有时候还相当严重,建设优美宜居的人居环境力度还不大。经济全球化带来的环境压力影响很大,怎么办?要按照习近平总书记十八大后召开的环境保护会议提出的要求,我们必须要清醒地认识保护生态环境、治理环境污染的紧迫性和艰巨性,我们必须要清醒地认识当前的环境保护现状，同时也要清醒地认识到十八大指出的生态文明建设的重要性和必要性，这是总书记针对环境保护的发展阶段、发展目标的指示。

党的十八大报告指出，坚持节约资源和保护环境的基本国策，坚持节约优先、保护优先、自然恢复的方针，这是基本国策，一定要坚持。着力推进绿色发展、循环发展、低碳发展，形成节约资源、保护环境的空间格局、产业结构、生产方式、生活方式，从源头上扭转生态环境恶化的趋势，为人民创造良好的生产生活环境，为全球生态安全作出贡献。根据总书记以及十八大对生态环境保护的一系列指示，推进生产方式、生活方式的根本性转变，必须把生态文明建设的理念、原则、目标、制度全面彻底地贯彻到社会建设的各个方面和全过程。

刚才讲到了绿色发展和环境保护的几个关系，经济的关系、文化的关系、政府的关系，简单地叙述如下。

保护生态环境实现绿色发展，就要把生态文明建设放在突出位置，从经济建设、政治建设、文化建设、社会建设各个方面，努力建设美丽中国，实现中华民族的复兴大业。

结合经济方面来谈，以推进经济结构战略性调整和加快转变经济发展方式为契机，把经济建设和生态文明建设有机统一起来。加快建设资源节约型、环境友好型的产业结构、生产方式和消费方式，淘汰落后产业，发展新兴产业，以节能减排为抓手，推进产业升级，实现经济发展方式的转变。

从文化方面来说，要在全社会广泛开展生态文明建设教育，引领人们树立生态文明的理念,加强生态文化建设,弘扬传统文化,创新现代生态文化。

从社会方面来谈,促进城乡区域协调发展,进一步推动生态文明建设系统工程,大力推进绿色社区、低碳家庭等生态文明示范活动,形成全社会参与生态文明建设的良好氛围。

结合政治方面来谈,保障人民群众的环境保护知情权、参与权、表达权和监督权,从而推进生态文明建设决策实施和运行的公开化、规范化。

三 绿色发展与生态文明引领新举措新模式

有了先进的理念、先进的技术、先进的管理,我们如何落实到企业、工业、农业、文化、农村等方面?

1. 新举措

李克强总理强调走绿色发展、循环发展、低碳发展的道路,树立绿色、低碳发展的理念,加快经济发展方式转变。第一,推动绿色发展,破解资源环境约束难题,绿色发展是从源头上减少资源消耗、环境污染的有效途径,这说到了生态环保的路线图。第二,以节能环保为重点,对传统产业进行技术改造,淘汰落后产能,积极发展循环产业。第三,在低碳发展中大力发展节能环保的新能源低碳技术,推进先进实用技术,不断提高生态文明建设水平。我们根据李克强总理的上述指示,结合工作实践不断总结,并通过多年来研究项目的成果,归纳了12个案例,和各位一起交流。

在发展绿色工业方面，我举三个例子；绿色城市方面，有三个案例；绿色农业方面提出两个案例；绿色自然方面，提出两到三个自然保护区的发展模式。现在对绿色发展引领工业、农业、城市、农村和自然分别加以介绍。

2. 新模式

（1）生态工业

绿色工业的三个案例。绿色发展与生态文明引领生态工业的新模式，生态文明推进全社会的绿色发展，提出工业文明必须向生态文明进行绿色转型。现代工业累积了大量的物质财富，提高了人民生活水平，推动了社会进步。这是工业文明的成果，这个成果非常辉煌。从阶段性分析，从历史的观点来看，这个工业文明在当时是先进的，因为它给人类创造了财富，人民的生活水平提高了。但是也要看到它带来的问题——资源破坏、环境污染、生态退化，我刚才说的《寂静的春天》，还有增长的极限、"人类只有一个地球"，不是都给了警告吗？现代工业发展都产生了一些副作用，它带来了资源破坏、环境污染和生态退化，这是不可持续的发展模式，人们必须反思这种模式，必须转向工业发展与生态环境协调发展的可持续发展模式。举个例子，工业文明怎么带来副作用？传统的工业文明，它的生产模式是高能耗、高物耗、高污染，产生的经济效益不会很好，是低效益，这叫"三高一低"的传统模式，需要转变成低能耗、低物耗、低污染、资源利用率高的"三低一高"发展模式，这是高效益的清洁生产模式，传统的生产模式向清洁生产模式发展，必须以先进理念来引领，先进理念就是清洁生产和循环经济理念，用先进理念来引领传统模式走向清洁生产发展模式，也就是可持续发展的模式。

第一个案例,这是很简单的国外先进装备技术的循环图(见图1)。

结合中国的情况,具体来讲,也就是贯彻了生态文明建设理念,贯彻了我们刚才讲的"三低一高"的清洁生产和循环经济理念。从原料开始,零部件装配成汽车,这是一个非常简单的产品路线图,传统的发展模式到此为止,产品已经出来了,走向社会,这已经完成了,这就是传统落后的生产模式的概念。绿色发展,引领先进的清洁生产和循环经济的理念认为,这个企业的生产链条还没有完,还要继续使用追踪,追踪消费者,到最后汽车报废都要追踪,汽车报废的零件、发动机回收提炼金属,汽车轮胎回收制作为橡胶颗粒,汽车报废的东西全部回收,全部资源化,所有废弃材料实现资源化,当成原料。这是循环经济的原理路线图,它必然是非常先进的清洁生产模式,贯彻清洁生产、绿色发展的减量化、资源化、无害化,即3R原则。报废就是坟墓,所以这个图实际上是从婴儿到坟墓,从坟墓再到婴儿,是一个大循环。人类也是一样,生老病死,最后我们人类身体的元素都回到了土地,土地上又是大循环,这就是生命周期的全过程生产。先进的理念、先进的企业生产必须要做到生命周期的全过程循环,从婴

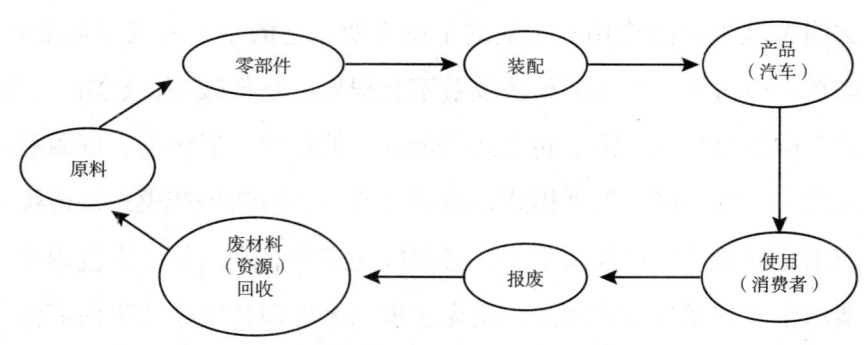

图1 循环经济原理践线图

儿到坟墓，然后从坟墓再到婴儿。这个路线图有两个非常先进的理念，从原料开始就是顶层设计，设计有很多种，这个是顶层设计。就像李克强总理讲的源头控制，这个顶层设计就是源头控制，产品在设计的时候就考虑它如何终结，最后把废物再资源化，在设计的时候就要考虑废弃物的去向。就是生态学中讲的生态设计，也就是绿色设计，非常重要，顶层设计必须贯彻生态设计和绿色设计的理念，设计房子，设计汽车、道路，都是一样的。几十年以后陈旧或破坏了怎么办？在设计的时候就要考虑到资源回收和再利用，这就是先进的理念。落后的生产、无生态设计，不符合时代要求，也不符合生态文明建设的要求。

奇瑞汽车公司是中国的自主创新企业，它贯彻了先进理念、绿色设计和产学研平台及可持续发展的生态发展模式。它的主要特点和主张有：确立自主创新发展战略；形成自主配套体系，掌握零部件核心技术；集聚了一批技术和管理人才；建立企业文化，承担企业社会责任；掌控一条走向国际化生态战略的道路。我在院士行参观时，听他们负责人介绍时强调企业原创性、人才管理机制及企业文化的重要性，企业没有文化就没有品牌，企业没有文化就没有竞争力，企业必须有自己的文化，这太重要了。刚刚前面讲传统文化要和现代生态文化结合，创造我们自己的生态文化。泉州基础也非常雄厚，有些企业走出了一条国际化的生态战略道路，已经实施了生命周期循环的路线图。

第二个案例，广西的贵港糖业，这是我国20世纪第一个生态工业园区，是由中国环境科学院段宁院士规划的贵港糖业生产发展模式。有两个制糖业的路线图，原料来自甘蔗地，制糖后的废物如不利用，下雨以后进入河道，就会造成河道富营养化和污染水源，但是利用的话就是一个宝。我们可以理解为"废物即放错地方的资源"，因而实际上不存在废物，你不认识它即为废物，认识了利用了以后就不叫废物而变成资源了。酒精制造产生了废液，下游的肥料企业把它作为原料，肥料厂又可制造复合肥料酶，再回归甘蔗地，产业链不断延伸，上游的废物为下家企业提供原料，依此类推组成产业链并形成大循环链，这太重要了。第二个生产路线图，甘蔗制糖剩下的渣不利用也是废物、是垃圾，但是要利用起来，可以作为造纸厂原料；造纸厂又排放了白泥废物，下家的水泥厂把白泥作为原料再次利用，依此类推，实现废物资源化、资源再生化、物耗最小化、效益最大化，又不污染环境。企业如果没有经济效益，这个企业不能生存，所以一定要考虑经济效益。这个简单的生产路线图非常值得总结。第一个经验，这个企业把前面农业的甘蔗地作为车间，把野外露天当车间，这是先进理念，这是产业链向上游扩散的一个举措，最后把废物变成复合肥又返回甘蔗地是一个大循环；然后，进一步培育甘蔗良种，达到最高出糖率，这就是科研成果和产业的结合，科研产业一体化。第二个经验，产业链的上游延伸到甘蔗地作为企业的车间，下游的产业链也不断延伸，如果企业是单项元素，光是一个方面，不是多元素的持续发展，就会成为问题，产业链不断延伸就能赚钱。农业也是这样，农产品出来以后，农产品运到外面去卖值不了多少钱，农产品产地建加工厂，对农产品进行加工，附加值马上就提升了。因此，产业链的延伸，是企业经营发展拓展财路的一个经验。这种模式必然是废物资源化、资源再生化、物耗最小化、效益最大化，效益包括经济效益、环境效益和社会效益，这就是环境与经济双赢发展模式。

第三个案例，上海的张江高科技国家生态工业园区。通过企业创新、机制创新、服务创新、产品创新来促进低碳发展，低碳发展实现了低碳生产、低碳生活、低碳产品、低碳产业，也建了示范区，包括高科技的制度创新产业基地、技术标准引领基地、创新要求基地以及一些生态示范基地，有很多创新。历史证明，只有创新才能把握新的机遇，只有转型才能实现可持续发展，转型成为发展的硬道理。

（2）生态城市

生态城市或者进一步提升为生态文明城市，要用绿色发展观来推进城市发展。城市本身如果搞得不好，就要产生城市病，要克服城市病，生态城市就成为城市明天发展的方向。它有先进的理念，以人为本、人与自然和谐、现代化与自然共生，这些都是生态城市构造的先进理念。我提出了一个观点，现代化与自然共生，这是从国外学来的。国内学术界也承认，一个城市需要很多指标来衡量，但是其中有一项非常重要的指标，就是看这个城市有没有和自然融合，看一个城市和自然能不能统一，不然这个城市就是钢筋水泥堆，没有生气，没有生命力，没有城市文化品牌。现代化与自然共生，也就是现代化的城市要适应自然和保护自然景观，要共生。城市搞得不好，就会带来城市病，城市病现在也是老生常谈，它表现为人口增加、居住拥挤、城市污染、水资源短缺、交通拥挤、生态空间范围缩小、生物多样性锐减、气候变化、热岛效应。城市河流被垃圾污染，城市的人工化——地面硬化、湖滨石岸化、物种单一化、植被人工化、景观单一化，这些都是人工性质，没有自然的元素，这个城市就没有生气、没有生命力了。因此，必须推进由传统城市向生态城市转型发展。

建设生态城市是可持续发展的需要，也是城市本身发展的需要，也是适应现代化发展的需要，城市建设的基本要求，大家都非常熟悉。生态城市的特点是和谐、高效、整体、安全、持续发展，现在中国有不少城市达不到安全和持续发展要求。例如：北方的城市，大雪纷飞，交通马上瘫痪；南方的城市，今年雨季大水一来以后，许多南方城市的汽车在马路上游泳，水都排不出去。我们的城市建设很片面，几十年的建设只考虑到城市的地面，不考虑城市的地下，不考虑管道排水系统，所以大水一来以后，这个城市就成了汪洋大海，这个城市安全吗？生态安全吗？这种城市的可持续发展就成问题，究其原因，就是没有绿色发展的观念、没有顶层设计。在最初设计的时候城市规划怎么做的？城市规划、城市设施建设，规划要先行，但是规划有没有全面考虑？有没有统筹考虑地上地下？有没有考虑或欠考虑城市的抗水灾抗风险能力？缺乏顶层设计，我们的城市只考虑到30年的建筑寿命，最多70年，国外的城市建筑是200年的寿命，我们的顶层设计观念很落后。苏联即现在的俄罗斯帮助中国设计的建筑，北京的八大建筑中，有人民大会堂、北京展览馆等等，现在去看这些设计也很新颖，没有落后，北京下水道涨水的时候，就是这八大建筑周边不涨水，水没有涨起来，这不得不说顶层设计考虑得很周到。现在有一些城市规划搞得非常好，被评为先进、适合居住什么的，实际上翻开历史，原来都是20世纪50年代苏联专家给我们设计建设的。例如，内蒙古有一条街道，规划非常好，获得人居环境奖，实际上我们去评审内蒙古包头市生态规划的时候，发现这条街是按苏联时期专家的生态设计规划而建的。

城市的可持续发展，首先应考虑城市的生态安全，也包括城市的和谐。一、二、三产业应作为城市支撑运转起来，一、二、三产业应该发展，并进行多元相互融合，高效循环，和自然因素的引进实现整体性和区域性相互协调，生态开放必须考虑到其本身的优势及周边辐射能力。现在上海的城市周边辐射能力很强，北京的辐射能力相比之下目前尚差些，还有待向周边带动，说明生态型城市对周边地区的辐射带动作用有很大潜力，也说明生态城市有区域性、整体性、开放性的特点。

生态城市建设内容有四大块，即经济、社会、环境及管理。在2002年世界环境与发展大会上进一步肯定了可持续发展的三大支柱，即经济体系、社会体系、环境资源，联合国承认三大体系作为三足鼎立的可持续发展路线，即经济发展、社会进步和资源环境保护三大体系，这三大体系在结合我国国情的生态城市建设中又进一步得到发展。

第一个案例是张家港模式。1980年江苏省张家港市第一个生态市规划制定并实施，张家港有三个发展阶段。党的十六大提出了和谐社会和循环经济，张家港制定了一个和谐社会、循环经济发展的规划，补充生态市规划的内容。十七大提出了生态文明建设，又补充了生态文明建设内容，来提升生态市建设。十八大后又提出了以十八大精神来补充生态文明建设内容，提出了生态文明示范区建设。它的规划和指标体系从原来的生态经济发展、生态人居、生态环境基础上，进一步提出了生态意识和生态制度体系建设，从三个体系到五个体系或六个体系的建设，不断发展。从20世纪80年代到现在，张家港每十年一个阶段，不断提升和发展，从创造环保模范城市到生态市，现在成为生态文明示范区试点。张家港生态市和生态文明建设的指标体系已经作为环保系统生态文明建设指标体系的基础在全国试点应用，江苏省推出张家港精神，在全省学习并推广。各省各地结合本地区的实际，提出了生态文明建设城市的宏观战略。据统计，国内最早实施生态文明建设城市规划的有张家港市、深圳市、珠海市、厦门市、杭州市、贵阳市等。

张家港已介绍了，下面介绍一下第二个城市案例贵阳。贵阳市是一个山区市，贵州省是天无三日晴、地无三尺平，走着走着就是山，没有平地，天无三日晴，就是阴天多。他们建生态文明城市很了不起，通过五年和十年规划的实施，把贵阳建成适宜居住、适宜创业、适宜旅游的生态文明城市。它的基本思路就是贯彻经济发展和生态保护协调发展的战略方针，城市发展依靠生态文明和科技创新驱动，优化生态文明城市空间布局，提升生态文明城市管理水平，推动生态文明城市建设。它以生态文明引领城市的驱动、城市空间格局的优化、城市的生态管理，它提出了一个目标、两个观念、三个核心体系和四个区域的发展目标。一个目标就是全力推进生态文明制度建设，两个观念就是生态环境的模式转变、消费模式的转变，三个核心体系就是循环产业体系、生态保障体系、城市基础设施体系，四个区域就是低碳技术示范区、山区现代农业示范区、休闲旅游宜居区、传统文化核心区，是根据生态功能区块，根据当地的环境自然条件因素，分别建设四大区域。贯彻生态文明建设体系，首先是生态文明意识体系，最后是生态文明制度体系，这都是生态文明建设的具体框架和内容。中间有生态安全、生态文明、生态经济、生态居住环境，总共六大体系建设，构建了生态文明示范区的框架，通过六大体系33个指标进行推进。

再介绍一下第三个城市案例厦门，厦门是两个一百周年、建设美丽中国的典型城市，在今后要建设成中国梦的样板城市，提出城市的目标并已有很多桂冠，如花园城市、窗口城市、中心城市等。厦门同样要转变发展模式，推进生态文明建设，构建六大体系，这也是贯彻十八大精神，从可持续发展的三大支柱，推进六大体系建设，即生态经济、生态人居、生态安全、生态环境、生态意识、生态制度六大体系。以上是厦门市贯彻党的十八大提出的生态文明建设精神在城市建设中的具体体现。

（3）**生态农业**

农村搞不好污染环境也很严重，特别是种植业、养殖业带来的农业面源污染不可轻视。种植业的化肥和农药、养殖业的畜禽污染也很厉害，如果不进行处置和回收利用，不仅污染土地，下雨以后冲到河流里就是河流水体富营养化。因此农业生产同样存在调结构、转方式的问题，同样要转型。大农业转为生态农业已势在必行，生态农业的理念就是在一定区域里建立起农业生态，利用太阳能的固定率、生物能的转化率和资源的利用率，形成良性循环的人工复合生态系统。这是我通过三十几年的生态农业工作经验总结出来的，并出版了生态农业系列丛书。

目前，生态农业有2000多个点。提倡食品安全，特别要讲到绿色农业、循环农业、低碳农业的发展，前面讲了农业同样要转型，现代农业、大农业要向绿色农业、循环农业、低碳农业发展。近期中国工程院院士及本人参加了一个课题，即"中国养殖业可持续发展"课题，提出绿色发展、循环发展、低碳发展战略，这个课题得到了汪洋副总理的好评。"十二五"总结了，"十三五"还要继续，有机农业，我们还要继续做。山东潍坊的有机蔬菜基地、广西恭城的农业模式转型是很好的例子，我在广西蹲点六年，总结了当地经验，即三位一体的养殖业、沼气和种植，通过农业废弃物的资源化利用，和立体的养殖业、种植业相结合，实现农业生态化转型发展。在本人出版的生态农业丛书中把它定义为广西恭城模式。此后他们的绿色活动又扩大到绿色型、绿色化活动，绿色型即改水、改路、改房、改厨、改厕，农村里面基础设施的改制；绿色化即家院绿美化、燃料沼气化、用水自来化、电话程控化、电视闭路化、厕所厨房卫生化等，组成多模式的绿色化改造。

（4）生态农村

绿色发展与生态文明怎样引领新农村建设，包括现在的城镇化怎样建设？

第一个案例，浙江滕头村，我的家乡，这个模式是从20世纪20年代开始的，80年代已经转型的，把重污染的工业转型了。到90年代的时候，滕头村，包括江苏的河横村、安徽的小张庄村等，都被联合国推荐为全球五百佳奖。当时联合国环境规划署兼联合国副秘书长托尔巴三次到中国参观考察，并授予中国生态农业第一批试点单位全球五百佳奖。之后腾头村一直在发展，在党的十六大、十七大、十八大精神指引下滕头村与时俱进地发展，在前几年被联合国批准为世界和谐村之一。世界十大和谐村，中国有一个，就是滕头村，中国的和谐村，很了不起。这个和谐村是由国际组织和中国专家一起来评审的，它有很多要素，GDP、就业率、犯罪率、绿化率、空气质量、幸福指数等指标，每一个指标由很多参数组成。我们根据当时党的十六大精神，归纳和谐村的要素如下：人民安居乐业，心理和谐；青山绿水相聚，环境和谐；企业发展创新，市场和谐；村民和谐相处，人文和谐；犯罪率等于零，社会和谐。因此，国际专家当时认为从中国的滕头村看到了中国农村未来的希望，这句话的评价非常高，这是国际专家评的。我还要加一点，即看到了和谐社会的雏形，因为当时正好是党的十六大后接着讲和谐社会。从十七大到十八大，滕头村紧密结合社会主义新农村建设，解决农村环境污染问题，构建低碳社会。当时温总理领队赴全球气候大会，向世界许诺，表示中国要搞低碳发展。滕头村贯彻会议精神启动试点，总结低碳发展试点经验，推进新能源建设，低碳发展是清洁能源建设的基本内容，同时实现污水处理零排放，在农村做到零排放也是率先的举措，这是第一次农村治理污染实现零排放。这个村已经申请批准为五星级的旅游景区。

第二个案例，浙江安吉，离杭州市一个小时路程。安吉是一个竹乡，从生态农业延伸到生态工业链，把丰富的竹子资源作为一个优势产业开发，三代、五代深度开发，发展为现代农业和现代加工业，本人把它定位为工农现代化发展模式。具体讲，竹林下养鸡鸭，它们的粪便返回竹林肥土，不施用化肥农药，因而产出的鸡鸭蛋是有机的，竹笋也是。然后对竹林的资源进行五代深度开发，第一代开发把它做成工艺品，做扇子、竹筒，第二代开发做成地板、窗帘，第三代开发做成饮料、啤酒，第四代开发做竹炭。竹炭出口，欧洲的很多家庭有壁炉，因木炭没有烟，竹炭也无烟。如果舍不得烧，把它做成沙发垫子、椅子垫子、鞋垫、汽车垫材料，汽车垫供不应求，几十个外资企业都等着要货，因为它们是保健品，竹炭能防臭防湿去污，它作为一种保健品。第五代开发是做纤维，竹子的纤维制造出来的布，做成床垫被单和衣料不但不硬，比绸缎还软，而且夏天非常凉快，它能防臭防湿防潮，是保健品。出口以后，深受国外市场欢迎。竹子制作剥下的残余物碎片全部拿来压碎以后做压缩地板和作为墙体，这真是吃光榨尽没有废物的零污染零排放，废物全部被综合利用成为原材料了。因而这是一个农工现代化生态发展模式。

（5）自然保护

生物多样性面临物种消失、基因流失的挑战，要认识到生物多样性是地球生命的组成部分，保护地球就是保护我们的生命资源，要保护生物多样性。生物多样性的保护有遗传资源、物种和生态系统保护三个层次，保护的方式有就地保护、异地保护和离体保护三种途径。就地保护就是自然保护区，异地保护就是动物园、植物园等等。自然保护区从管理角度上看，现在也有两个模式，即自养和共管两种。其一是辽宁蛇岛，20世纪80年代建的，这是自养模式，它自己供血，不需要国家来养它，所以我把它总结为自养模式。这个模式是这样的：蛇岛（保护）、蛇园（科研）、蛇博物馆（宣教）、蛇制药厂（生产）、蛇医院（应用），保护、科研、宣教、生产、应用五条链结合的自然保护区生态功能，使该自然保护区不仅走上了自养道路，而且是保护与发展相结合的典范，并取得显著的生态效益、经济效益和社会效益。蛇岛蝮蛇的牙部含有毒液，可治脑血栓及胃癌等，为名贵药材。另一种自然保护区是社区共管模式，如贵州草海自然保护区，限于篇幅，不多介绍了。

四　结论与建议

1. 省情

福建省近期在环境保护与生态建设方面所取得的成就部分归纳如下：

① 落实节能减排目标责任制；

② 强化重污染行业和工业园区污染治理；

③ 深化水源保护和重点流域水环境综合治理，效果明显；

④ 水、大气质量状态良好；

⑤ 现代农业示范区持续发展；

⑥ 森林覆盖率提高并持续保持全国首位；

⑦ 长汀水土保持及红土地治理经验作为示范在全国宣传推进；

⑧ 10个国家生态县，2013年8月，泉州被评为中国首个东亚文化之都。

2. 市情

泉州——福建三大中心城市之一、海峡西岸经济区核心城市，泉州市在生态城市建设方面所取得的成效部分归纳如下：

① 全国生态文明建设先进城市；

② 全国综合配套改革试点城市；

③ 全国技术创新工程示范城市；

④ 国家园林城市；

⑤ 国际卫生城市；

⑥ 国际花园城市；

⑦ 东亚文化之都荣誉称号。

➢ 生态市创建试点

➢ 创造了泉州模式和晋江经验；

➢ 经济总量连续15年居福建省首位；

➢ 泉州又是国家首批历史文化名城；

➢ 世界宗教博物馆；

➢ 联合国教科文组织将全球第一个"世界多元化展示中心"定址泉州。

3. 新形势

○ 2014年3月国务院批准福建省为生态文明建设示范区（省域范围）试点；

○ 颁布了《国务院关于支持福建省深入实施生态省战略 加快生态文明先行示范区建设的若干意见》；

○ 赋予福建生态文明先进示范区建设的四大地位，拓展空间格局：

- 建设国土空间科学开发先导区；
- 绿色循环低碳发展先行区；
- 城乡人居环境建设示范区；
- 生态文明创新实验区。

4. 建议

建议（1）：

✓ 进一步加强生态市创建工作；

✓ 以十八大精神为引领，将生态市作为生态文明建设示范区试点；

✓ 使生态市向更新阶段即生态文明建设市方向迈进。

建议（2）：

✓ 泉州的企业转型、调整和提升以及产业聚集，资源集约和功能集成具有优势；

✓ 应加快步伐由现代工业转向生态工业；

✓ 加快工业绿色化转型发展进程；

✓ 加快建设国家级生态工业园区示范区；

✓ 使生态工业园区向着绿色型、循环型、低碳型、高效型的可持续模式发展，争取早日加入国家级生态工业示范园区的先进行列。

建议（3）：

- ✓ 传统文化是生态文明理念、生态文明建设的重要基础，传统文化和生态文明理念的结合在生态文明建设中的作用十分必要和重要。
  - ● 泉州的妈祖文化、闽南文化、海洋文化等作为福建名片走向世界。
  - ● 多元文化的包容和融合使泉州获得"东亚文明之都"的荣誉称号。
- ✓ 各行各业着力加强和提升泉州文化实力，特别对泉州各企业、行业十分必要和重要。
  - ● 一个都市没有文化，这个城市就没有可持续发展的基础。
  - ● 一个企业没有企业文化，就没有企业竞争力和企业品牌。
- ✓ 因此，企业文化是企业文明发展的标志，为了企业和产业的发展，必须大力弘扬企业的生态文化。
- ✓ 提倡和推进企业绿色品牌文化和生态文明意识的提高。
  - ● 生态文化是生态文明建设的基础和核心动力。
  - ● 企业文化不仅指引企业的发展方向和创造力，还为企业运营和谋利铺平道路。
- ✓ 企业文化是企业竞争力和可持续发展的动力所在。

5. 结束语

在生态文明示范区试点建设中，各地已经创建了系列绿色活动，包括：

绿色设计、绿色招商、绿色社区；

绿色建筑、绿色学校、绿色医院；

绿色商场、绿色出行等。

○ 我国正处于工业化中期阶段（长三角、珠三角已处于工业化后期），生态文明建设面临繁重的任务和巨大的压力；

○ 环境保护部门是生态文明建设的主力军和主战场，但生态文明建设又是一项伟大艰巨的系统工程；

○ 必须动员全社会各阶层参与，特别是政府及各部门的统筹引领和群策力、协力推进；

○ 节约资源、保护环境、优化空间格局（产业结构、生产方式、生活与消费方式）；

○ 既补上工业文明课又走好生态文明的路，努力实现"蓝天、碧水、青山"的美丽中国梦；

○ 愿我们做推进生态文明建设的引领者、推动者和实践者。

互动交流

【听众提问】：

对于中小企业来讲，如何处理好企业的长久利润和生态与生产的关系？

【金鉴明】：

刚才提出的是企业生产各方面怎么协调和企业可持续发展的问题，有很多企业要顾及环境保护，治理投资下去，可能会损失经济效益。特别是当前有一些企业要转型，转型有很多条件，谈何容易，转型存在很多问题，转型的前途怎么样，现在转了，以后究竟发展怎么样，问题很多。有一些企业高能耗、污染严重，对周边的生态环境破坏很厉害，设备陈旧，管理落后，效益不太好，这种企业要不要转型？这个可以考虑一下，但还要跟国家大政方针要求结合起来，国家的大政方针就是有一些企业污染很厉害，经济效益也不好，管理落后，设备也陈旧，产业水平不高，经济效益肯定也不能提高，像这样的一些企业再继续生产，也没有多少经济效益，这样的企业能不能就按照政策要求，就要关门了。怎么救都不可取，这是一类。另外一类属于可以转型的，就是说你可以去验收，用标准给它测量一下，这个企业如果是资源整合一下，或者是帮它把产业链延长一下、提升一下，帮助它们引进一下技术，经济效益可以转变，这种企业就可以转型。还有一些类似的企业，能不能资源整合？三五个企业，有的企业就不要了，有的整合，有的联合，发展资源集约型、环境友好型企业，有可能就实现转型了。最后要看到经济效益，企业如果没有经济效益了，这个企业是不可持续的、不能发展的，企业必须要有经济效益。经济效益怎么来？涉及的因素很多，企业本身对市场的需要，企业本身的技术人才问题，企业本身还有资金投入的问题，还有企业品牌，你的企业有没有品牌，关系企业的产品出路问题，问题很多要综合起来考虑。

目前也有一种趋势，就是说企业单独发展经济效益不是太好，不如几个整合起来共同发展，成为工业园区，但是整合要有提升，如果不加调整、整合、提升，混在一起就是大污染缸，污染会扩大。企业的联合整合必须要进一步调整和提升企业的产业结构，发展方式要转变，产业结构要提升。这里面有很多问题，但是有先进理念、有决心很重要，然后加上人才和资金、科学管理，也许第一阶段暂时没有成果，但是有后劲。像刚才讲的这几个企业转型绿色化、生态化，都是有一个过程，起码是三年一个调整，三年一个验收，三年一个提升，前面所说的案例也是这样，要有时间和过程。

关于企业如何生存，有一些企业家认同先进的理念，还能分阶段强化生态文明、重视生态文化，企业还必须有它的社会职能、它的内部职能，提高员工的生态文明意识，都有主人翁精神，积极性提高了，创新能力才会发挥，有了创新能力，企业就会进一步发展。企业管理是企业家的责任，对内部有责任，对外部有社会责任，周边没有污染，企业发展对周边区域环境、经济发展和社会发展就有贡献，这种企业的发展是可持续的。我在前面讲到奇瑞，该企业责任心非常强，首先就宣布绿色理念、绿色思想、绿色行动、绿色课程、绿色推动，一整套，对企业的员工怎么教育、怎么提升，企业员工的积极性起来了，自觉性起来了，那是无价之宝。推动企业前进的动力无法用经济来衡量，它的后劲在于可持续，关心企业本身的外部社会形象，对社会要负责任，就是要把周边环境、社会、发展经济都要处理好。同时还要有企业文化，没有企业文化，这个企业三年可以，五年可以，十年八年就不行，企业文化太重要了。企业文化就是生态文明文化，生态文明文化就是生态文明建设的核心之一，因此生态文明是企业的灵魂，是企业可持续发展的根本所在。

李强简介

李 强 我国著名社会学家,现任中国社会学会会长,清华大学社会科学学院院长、教授、博士生导师。1985年到1999年在中国人民大学任教,1999年至今在清华大学任教,李教授还兼任教育部社会科学委员会委员、国家信息化专家咨询委员会委员、国务院学位委员会社会学学科评议组成员,卫生部、民政部、北京市政府政策咨询顾问、北京市政府参事等。

李教授在社会分层与社会流动、城市社会学、社会结构与社会问题、应用社会学、贫困问题等领域有深厚的学术造诣。主要著作有《多元城镇化与中国发展》《社会分层十讲》《农民工与社会分层》《城市化进程中的重大社会问题及其对策研究》《中国水问题:水资源与水管理的社会学研究》等二十几种,发表学术论文200多篇。李教授还曾经应邀到美国、英国、日本、中国香港等地20多所大学讲学,并担任英国社会学科期刊编委,香港社会科学学报编委等,被教育部、人事部评为"全国模范教师",获得"国家社会科学基金项目优秀成果奖""教育部人文社会科学研究优秀成果奖""北京社会科学研究优秀成果奖"等多项学术奖励。

依法治国、创新社会治理与全面深化改革

——学习三中、四中全会决定

李　强　　　　　2014年11月13日

非常高兴来到华侨大学，华侨大学是国内一所非常有特色的高水平大学，并且是20世纪60年代初在国家经济还很困难的时候，由周恩来总理亲自主持建立、廖承志任校长的一所大学。福建我来过几次，但泉州还是第一次来。今天有泉州的领导、华侨大学的领导和师生们到场，我们一起来学习党中央的文件。

一 四中全会与依法治国

党的十八大以后,新一代领导集体主持工作以来,有两个文件十分重要,就是三中全会决定和四中全会决定。四中全会和三中全会是有联系的,三中全会主题是全面深化改革,四中全会专门强调依法治国。我讲的题目是《依法治国、创新社会治理与全面深化改革》,包括了两次会议的内容。先从四中全会的文件谈起。

四中全会的主题思想在文件出台之前,其实已经多次在媒体上报道出来了,是依法治国,有很多法学家都参与了文件起草工作。会议提出的一些思想应该说在中国改革与发展的历史上是很重要的,主要强调依法治国这个思想,与三中全会是什么关系呢?三中全会提出要推进国家治理体系和治理能力的现代化,那么,怎样推进呢?现在提出一个核心思想是依法治国,所以,两个文件的核心思想是一致的,强调党的领导和依法治国的一致性,强调依法治国和依宪治国的一致性,这也正是在落实三中全会的战略部署。四中全会的文件是《中共中央关于全面推进依法治国若干重大问题的决定》。从党的历史上看,改革开放以后,作为党中央的一次"全会",会议主题专门谈法治建设,这是第一次。可见这件事情在我国法治建设中的重大意义。当然,大家理解,法治的对立面是什么?法治的对立面就是"无法无天",共和国也确实经历过"无法无天"的时代。大家都知道,"文化大革命"时就是最典型的无法无天。大家可能看过国家主席刘少奇在中南海被批斗的照片,刘少奇在批斗现场曾告诉批斗他的人,要按照法律办事情,但在那个时候、那种场合下,还能有什么法律?一个共和国的主席都得不到法律的保护,真正是共和国的悲哀。"文化大革命"初期,

依法治国、创新社会治理与全面深化改革

彭真也被打倒关押起来了。为什么被打倒呢?因为他拒绝在北京的报纸上刊登批判海瑞罢官的文章,没有刊登文章违反法律了吗?并没有违反法律,而是违背了江青的意愿,所以,当时的制度属于"人治"而不是"法治"。彭真最初还当过"文化大革命"领导小组的组长,他在主持起草"文化大革命"最初的文件时曾写上:"在法律面前,人人平等",结果受到批判,所以,当时社会的主导意识形态就是反对法治。"文化大革命"结束以后,彭真主持过人大常委会的工作,主要抓法治建设,对于国家走上法治的轨道起了很大作用。

1. 四中全会决定的七个组成部分

文件分为七个组成部分,关于依法治国的内容十分全面,今天的学习不可能面面俱到,我们还是学习核心思想、核心内容,中心是了解什么是中国特色社会主义法治体系,以及依法治国的基本原则和基本特征,思考文件向我们传达了什么样的理念。我们也分析一下当前改革在依法治国方面面临什么样的形势和问题,同时也回顾一下三中全会以后,党中央在促进改革、推进社会治理的时候究竟有什么新的想法和新的精神。先学习一下四中全会文件的基本内容。

文件首先强调的是中国特色社会主义法治体系,这个提法本身就是非常有新意的。我国自古也有法制思想,自古也有法家,但是,我们过去的法制是"刀"制,而今天说的"法治"是"水"治,水治的思想是现代法治理念。我国历史上封建王朝的法制是君主统治老百姓的法制,以宪法为核心的现代法治确实不是我们这个民族自古就有的。那么,我们民族自古就有的是什么东西呢?我们这个民族自古的体制是家族、宗族体制,家族、宗族在我们福建表现得十分突出。对于这一点,梁漱溟先生写的《中华文化要义》有深刻阐释。中华文化上下几千年，梁先生仅一本小册子就敢称"中华文化要义"，可见该书言简意赅。梁漱溟解释了中国自古是一个家族、宗族社会。家族社会靠什么来治理？肯定不是法治。那么，家族、宗族怎样形成社会秩序呢？形成社会秩序的道理很简单，既然以家族、宗族为根本，那么，每一个人最关心的是自己的亲人，维护自己家族、宗族中亲人的利益，就成为每一个人的行为准则。人们之所以接受社会秩序的行为约束不是因为法的精神，而是因为要维护自己亲人的利益。所以，中国自古靠什么来维持社会秩序呢？就是"连坐"，一人犯法，家庭亲人都受处罚，所谓"一人犯法，满门抄斩"，《赵氏孤儿》讲的就是这样的故事。按照统治者的想法，赵家一个孩子都不能剩，你只要留一个孩子他将来就要报仇，所以用连坐的方式灭掉家族、宗族，可见连坐是十分残酷的。这显然不是现代法治理念。所以梁先生讲清楚了自古以来中华文化的要义，这个社会自古是靠家族、宗族、伦理道德来维系的，与现代法治理念有很大差别。

有几千年文化传承的社会，今天要建设成法治社会，应该承认难度非常大。尽管我们都认为法治是中国实现现代化的唯一道路，但是，要走上这条道路有很大难度，绝不是说我们开一次会从此就走上法治道路了，而只是说我们要朝这个方向作长期的努力。所以，文件后面还提到关于法治和德治的关系。文件也强调，在我国法治体系中宪法的重要地位，强调以宪法为核心的法治体系。

文件还讲到依法行政，讲的是政府和法治的关系，以及司法体系、司法公信力、司法公正问题，讲到增强全民的法治观念问题。改革开放以来，我们立的法不算少了，问题是大家都遵守这些法律了吗？如果大家都没有法治观念，立再多的法也只是纸上谈兵。众所周知，有

一个概念叫"中国式过马路",我不知道泉州拥堵不拥堵,北京非常拥堵,北京重要的十字路口都要派协管员管理,协管员的人数多于警察,因为管不过来。协管员拿一个旗子,每到红灯亮的时候,他们挥动旗子制止行人闯红灯,只要没有协管员,行人闯红灯就难免。其实,设置红灯本身就是规矩、就是法治,但在北京这样的首善之区,如果没有协管员,交通秩序就难以保障了。所以,实现法治需要全体国民的努力,需要全体国民自我约束,需要全体国民的共同参与。

最后,文件还强调法治队伍自身的建设、强调加强和改进党对依法治国的领导。

2. 指导思想"三进四"

这次文件中确实有很多新的思想。大家总结出来"三进四",什么是"三进四"?过去我们谈指导思想的时候,强调邓小平理论、三个代表、科学发展观,这一次又特别强调了"习近平总书记的系列讲话精神"。应该看到,十八大以后,新的领导集体主政以后,习近平同志对于如何治理国家,提出了很多新的思想,当然,最为全面系统的是十八届三中全会关于全面深化改革的文件。这个文件又称为"383"文件,提出的十分具体的改革措施有383项之多。总之,习近平总书记主持工作以后,有很多新的创见,这次全会把这些讲话精神也列入了党的指导思想。

近一段时间,社会上的思潮比较混乱,网上、微信上常常传着各种各样的消息。有时候一些极端思潮在网上泛滥,也常常激化矛盾,这就造成了更多的思想混乱。所以,我们确实需要搞清楚,哪些是中央的声音。什么是中央精神呢?我认为,中央精神还是应该以文件为准,还得回到文件上来。微信上传的,网络上传的,都难以判断是谁的声音。以中央文件为准是最好的判断。

中央起草文件,历来是咬文嚼字非常细致认真的,文件里每一个字都是经过认真思考的,所以,读文件也必须十分细心。比如,此次四中全会文件,讲到处理社会群体关系时提出:"统筹社会力量、平衡社会利益、调解社会关系、规范社会行为。"这就告诉我们要如何处理人民群众内部各个群体之间的关系,是很高水平的阐述。

再比如,三中全会文件在社会建设方面使用了一个新的概念"社会治理",而三中全会以前的文件在阐释社会建设时使用的是"社会管理"概念,只有一字之差,但一定要注意,"社会治理"强调了国家治理中一种新的理念,与传统的社会管理有很大的差别。

总之,文件传达了最为准确的中央精神,所以,我们读文件也必须十分认真。

3. 人民共和国与法治国家

依法治国对于中华人民共和国的意义太重大了,依法治国可以说是我们国家的最核心命题。中华民族有悠久的历史,中华文明史号称五千年,有文字记载的历史也有三千多年了。但是,近代以来落后了,以致鸦片战争、甲午海战节节败退,沦为半殖民地国家。为什么落后了?因为制度落后,工业化国家创建了现代国家的治理体制,而我们长期徘徊于传统体制。经历仁人志士的奋斗,一百多年以前我们废止帝制建立了共和国,60多年前建立了中华人民共和国。既然我们建立了共和国,尝试与探索共和体制,大家都在思考用什么样的方式治理这个国家。可以说,全民族在100年前就想好了,不再走封建专制的道路,我们不再是一个封建专制国家了,而是民主共和体制。1949年6月新政治协商会议讨论国家名称时,一度要称作"中华人民民主共和国",后来讨论中认为"共和"已经说明了国家的体制,不必再重复"民主",最后定国名为"中华人民共和国"。

民主体制和共和体制确实是一致的,讲的是同一件事情,即在讨论国家大事的时候,要大家参与、大家讨论来决定。民主制和共和制又强调,决定事情的时候,一定要有规则、规矩,这个规则、规矩就是法律。从封建专制走上现代法治道路,确实很不容易。马克思在《路易·波拿巴的雾月十八日》一文中说过一句话:"一切已死的先辈们的传统,像梦魇一样纠缠着活人的头脑。"我们国家有两千多年的封建专制传统,这些传统常常像梦魇一样纠缠着活人的头脑,这使得我们走上现代法治社会的道路常常遇到艰难险阻,走上现代法治国家的道路显得十分艰难。为了学习现代法治国家的规则,很多前辈都作出过贡献。例如,创建共和的先行者孙中山先生就写过一本书《建国方略》,在辛亥革命100周年的时候《建国方略》又被重新刊印。在这本书的"社会建设"部分,中山先生是在讲政治活动、法治社会的基本规则,大家可以去看看。孙中山先生写文章还是很通俗的,一点也不像高深的理论著作,都是用人生的道理,包括吃饭穿衣的道理,来告诉中国人什么样的国家是一个共和制国家,会议应该怎么开,怎样讨论、动议,怎样表决,怎么是通过,怎么是不通过,等等。总之,100多年来,在废止帝制以后,我们一直在探索走上现代法治社会的道路,有过很多的经验、教训。所以,依法治国的结论,对于我们这个民族来说,意义确实重大。

4. 怎样实现依法治国总目标

文件讲了五大原则,或五个"坚持"。

第一,坚持中国共产党的领导。宪法赋予了中国共产党领导地位,宪法阐述了我们国家是怎么来的，阐述了国家的国体政体。其实，这也是我们日常工作中最深刻的体会，在中国要想做成一件事情，离不开中国共产党的领导。我最近带领清华大学的课题组在北京清河地区做基层社区治理的实验。要想在基层做事情，就必须与街道的党委沟通，接受党的领导，而党的领导地位是宪法和法律确定的。

第二，坚持人民主体地位。任何一个共和制国家，推翻帝制了，合法性在哪里？大家都理解，合法性在人民的主体地位。当然，对于我们这个国家，民主实验的难度非常大。大家都知道，民主的实验，早期的古希腊就是一个小范围的民主政体，小范围的民主比较好运作。比如，我们要投票，小群体的投票比较容易，稍大一点就不容易，我们曾经组织过500多人的投票，就有相当难度了，寻找一个能够容纳那样多人的场合都不容易。所以，人口巨型社会，像中国这样，超过13亿人口的社会，怎样实践和实现民主，都需要实验。到底怎样坚持人民的主体地位呢？习主席在一段讲话中说了一个很重要的思想，我们要防止人民群众名义上有权利、实际上无权利的现象。这话讲得很对，名义上有权利很容易，但实际上，我们意识到人民主体地位在我们这样的人口巨型社会实现起来并不容易。人民主权思想起源于卢梭的《社会契约论》，该书在人类历史上第一次明确提出人民主权思想。关于巨型人口社会的人民主权实践方面，近些年来网络技术的发展提供了一种新的可能。网络为像我们这样的人口巨型社会的社会参与提供了比较方便的手段，网络具有扁平化效应，参与者可以在同一时间实现互动，这方面的实验可以推进。中国自古虽然没有这样一种现代的民主方式，但是，在政治参与方面也有很多精彩思想。比如，我们有一句话叫"得民心者得天下，失民心者失天下"，这也是强调了政治

依法治国、创新社会治理与全面深化改革

的广泛参与特点。从法律、法治角度看,从四中全会决定看,我觉得"人民主权"在很大程度上可以解读为"约束公权"。新一代领导集体执政以后他们做的最主要的一件事情就是"反腐",一系列的高官都被反腐反掉了。过去确实从来没有如此严厉地约束公共权力。反腐要干什么?我记得习主席有一次讲,他看到这么多高层领导干部的腐败他也很痛心。换一句话说,反腐把高层领导抓起来并不是目的,反腐的目的是为了政治进步、社会进步。什么是腐败?腐败一定是与公共权力有关,腐败是利用公共权力来谋取利益,不管是为了小团体牟利还是为个人牟利。腐败是利用公共权力干预来获取利益,所以与腐败直接相连的是公共权力。而法治是干什么的?此次文件显示,法治在很大程度上是约束公权力的。这是国家治理体系现代化的基本理念,这是跟封建专制完全不一样的思想。封建专制时期的法律是用来约束老百姓的,而我们今天的法治首先是为了约束"公共权力"的,坚持法治是为了什么?为了保护人民、依靠人民、造福人民,保障人民群众的基本权利。所以,我们讲的依法治国,是要保护每一个老百姓。法治在很大程度上就是约束公共权力、防止腐败发生。法治明确哪些事你可以做、哪些事情你不可以做。对于广大老百姓来说,只要法律没有禁止你,你就可以做。所以法的精神还是很了不得的。法的精神如果在我们这个民族真正普及,最大的优点是焕发13亿人的积极性。所以,法的精神是体现人民主体地位非常重要的思想。

第三,坚持法律面前人人平等。应该说,这一点尤其对我们这个民族、对有几千年封建专制传统的国家非常重要。在封建王朝,人是分等级的,王孙贵族是不能惹的,传统中国实行身份等级制度,人与人不一样。所以,法治的精神确实有一大进步,就是法律面前不管你多高的地位，不管你是什么特殊身份的人，大家都是一样的，都要同样遵守法律。在法律面前人人平等，当然，这句话写在中央文件里并不难，真做到难度很大。两千多年的传统封建社会，历史上中国就是一个三六九等社会，今天要走上法治社会，法治社会是人人平等的，法律面前没有三六九等，法律面前人人平等，这个思想太精彩了。当然，要真正实现这一点，还要走相当长的路，但我们一定要朝这个方向努力。

第四，坚持依法治国与以德治国相结合。我觉得这一点很具有中国特色，传统中国社会用什么来治理国家呢？当然它有法，但是它那个法跟今天我们所说的法律面前人人平等不是一回事，君主至上，君主居于所有的人之上，君臣国家，强调君主是神，由他来治理这个国家。孔夫子以来，我们这个民族，我认为有两个人影响最大，一个人不能不承认，秦始皇他建立了中央集权体制，否则我们就是多个国家而不是一个国家。我们这个民族"分久必合，合久必分"，我们特别强调统一，这是对的，因为不统一，分成那么多个小国，一天到晚闹纷争，最后没有办法发展，所以秦始皇统一了。但秦始皇确实有一个重大缺陷，秦始皇以为暴力就能统治国家，他错了，虽然统一了，但军事的征服不意味着人心的折服。秦始皇本来以为做始皇帝能万世统治下去，没有想到二世都没能存在几年就完了。一个军事实力极其强大的王朝为什么在如此短的时间里就被灭掉了？因为秦王朝虽然依靠军事力量形成了一个统一国家，但是没有形成这个民族的精神体系，一个民族如果没有精神体系它就难以统一。到了汉武帝时代，"罢黜百家，独尊儒术"，于是孔夫子被请出来了，这个民族两千多年来，应该是孔夫子起了极大的道德约束作用。这一次中央文件用了一段话讲德治和法治的关系，实现法律和道德相辅相成，法治和德治相得益彰。一个民族无法离开传统，就像一个人没有办法揪着自己的头发离开地球，你就站在这个地球上，你就在这个文化中。法治和德治相结合，是中国特色的依法治国的法治体系。

第五，坚持从中国实际出发。

5. 从中国实际出发的法治建设

中国的实际是什么呢？我们的法治传统力量确实不强。我们中华文明确实有一个特点，历史上没有演习过其他政治体制。你去看大学者亚里士多德的著作《政治学》，当年亚里士多德已经见过多种政治体制，所以他就提出所谓的君主政体、贵族政体、共和政体，还有更细的分类，君主政体还分为五种形式的君主制。他为什么能够对政治制度进行分类？因为古希腊实行城邦制，在众多的岛国有过多种政治体制的演习。而我们中华民族，不是岛国政治，是集中统一地治理黄河这样的大河政治，只演习过集中统一的政治体制，没有演习过其他多元政体。

所以，要想实现国家治理体系的现代化，我们需要学习。为什么要建立共和制？因为历史证明，君主制实在没有办法让国家、民族进步了。所以孙中山引入这种新的体制，这种新的体制在我们这个国家里实验了大概一百年的时间，实验没有少做。毛主席的实验也没有少做，他对于社会主义的实验，也很值得我们思考，毛主席一直在探索一种新的社会主义体制。邓小平的改革开放，也还是在探索社会主义体制。众所周知，一个非洲领导人到北京来跟小平谈话，他问小平同志，你们搞社会主义，我们非洲也想搞社会主义，小平先生您能不能解释一下到底什么是社会主义。小平就说，说实在的，我们搞了几十年社会主义，你问我什么是社会主义，我们也没有搞清楚什么是社会主义。小平说的是实在话，但是小平强调了什么不是社会主义，他说"贫穷不是社会主义，社会主义要消灭贫穷"。社会主义能和市场结合，这是小平同志创造的，这个是过去没有想到的，马克思的思想也没有阐释过社会主义与市场经济相结合。可见，今天做的事情很大程度上是需要中国人有创新精神的，依法治国，也需要我们的创新，将依法治国、国家治理现代化与中国的具体实践相结合，这需要创造。在法治建设上，我们不可能找来一个体制就可以套用，这需要我们根据中国的条件进行创造。

建设经济体制与建设法治体制、社会体制还是有所不同。建设经济体制，我们要融入国际经济体系，我们加入WTO，与国际经济接轨，我们不可能单搞一套。所以，在推进经济体制改革的时候，我们很大程度上是采用拿来主义。经济体制的国际接轨，邓小平提出了基本原则，贡献很大。包括股市、股指期货，我们都是参照了国际一般规律搞起来的，包括我们企业的"现代企业制度"，也参照了国际的一般规律。为什么呢？因为要不这样你就没有办法跟人家的企业竞争。按照邓小平的说法，经济上你不与世界接轨，你就要被开除球籍。所以经济体制建设，相对来说比法治体系、社会治理体系建设的参照系更明确一些。而法治体系建设、社会治理体系建设，参照系就没有经济体制那样明确。所以，法治体系建设、社会体制建设，一定要从中国实际出发，一定要适合中国国情。适合中国国情，一定有中国文化的因素在里面，它不可能和中国的文化精神完全相抵触，所以说文化这个东西还是比较复杂。

6. 以宪法为核心的法律体系

推翻帝制以后，中国人尝试走现代法治的道路分为两个阶段。第一阶段是民国时期，孙中山搞的"临时约法"，后来成为民国宪法。第二阶段是1949年中华人民共和国成立以后，我们废止了国民党的法统、六法全书，建立了新的法律制度，最重要的就是宪法，以及法律四十多部。

这次文件里讲得最多的就是宪法，宪法是确立国家基本政治制度的法律文件，它阐释了国家的基本关系，是中国特色法律体系的核心。强调宪法的核心地位，为什么一定要强调宪法是核心呢？仔细看所有法律法规，包括各个地方政府制定的法规，有一些法律法规并不符合宪法的基本精神，对于这些不符合宪法精神的法律法规，就要根据宪法的原则予以修改。比如，2003年我国废止了关于"收容遣送"的规定，就是因为它违反了宪法原则。

说起宪法，我们就要明确中华人民共和国有过四部宪法。我们建国也就60多年，不到70年，宪法已经颁布了四部，可见国家法治建设过程中遇到了各种跌宕起伏。美国建国200多年，始终是同一部宪法，宪法的稳定对于现代国家的稳定发展至关重要。我国宪法起伏较大，主要是受到"文化大革命"的干扰。四部宪法分别为1954年宪法、1975年宪法、1978年宪法和1982年宪法。应该承认我国第一部宪法1954年宪法写得相当不错，1982年宪法重新写的时候，主要还是参考了1954年的宪法。1975年宪法讲的是"无产阶级专政下继续革命"那套思想，堆砌了很多"文化大革命"的政治口号，确实称不上是一部严肃的宪法。1978年宪法仍然对于"文化大革命"予以肯定，宪法序言讲：第一次无产阶级"文化大革命"胜利结束，这岂不是说"文化大革命"

还要搞多次？这部宪法的主调还是强调"阶级斗争"。宪法是处理和调整一个国家的基本关系的，如果宪法强调阶级斗争，那么，国家关系的调整肯定会出大问题，所以，到了1982年的第四部宪法，才真正实现了拨乱反正。

这次会议强调了宪法的权威，确立每年的12月4日是国家宪法日，要让全体人民尊重宪法，在全民中普及宪法和弘扬宪法意义重大。这一次文件在很大程度上强调如何保障公民的权利，强调三个公平——权利公平、机会公平、规则公平，强调保护公民的人身权、财产权、基本政治权利等各项权利。

除了宪法以外，与老百姓生活关系最密切的法律应该是民法、商法，民法、商法讲的是什么呢？民法、商法讲的是财产关系。这就涉及一个最基本的问题——财产所有权。财产权曾经困扰我们多年，因为我们是社会主义公有制国家，在"以阶级斗争为纲"的那些年，总感到私有财产权是不好的，公有财产才是正当的。其实，老百姓的财产权是民法的基础，没有财产权就没有民法，也就没有法治。所以，宪法规定国家保护公民的私有财产权和继承权。老百姓私人或家庭的财产权利必须得到保护和尊重，如果不尊重这个就没有法律可言了。老百姓打官司，多数也是因为物权，即这个东西究竟是谁的，如果不承认物权，那也就免谈法律了。2007年我国通过了一部重要的法律《物权法》，这对于保护广大老百姓、保护公民的物权很重要。

7. 学习法律和遵守法律

我们这个民族，从历史上、文化上来看，人治的传统大于法治的传统。今天，我们要建设法治国家，要让全民都树立法治观念，这显然需要学习。这包括了政府需要学习，管理者需要学习，老百姓也需要学习。法治社会是规则一分明确的社会，管理者和被管理者都要按照规矩办事，都要自律，都按规矩办事会省去很多麻烦。我们的问题是政府管的事情太多，政府的工作没有边界，号称全能政府，政府无限地扩张自己干预的边界。这样无法建成法治社会。在法治社会，政府是一个有限政府，权力有限，边界清晰，哪些该政府去管，哪些不该管就不要去管。所以，我们强调要列清政府工作的正面清单，负面清单也应该列，但首先要弄清政府应该管哪些事情。同样，对于老百姓来说，也要有一个法律学习和训练的过程。

举一个例子，首都北京号称首善之区，北京人口的平均教育水平确实比较高，一方面北京高校多，另一方面有"北漂族"，全国很多大学生都涌到北京去了。所以北京平均受高等教育人口比例最高。但即使这样的地方，违规的现象也比比皆是，如行人不遵守交通规则，红灯穿马路现象司空见惯。由于道路交通拥堵，北京限制停车，在市中心区域，一个人如果敢把一辆汽车停在马路旁边，有很多巡逻人员会去贴罚单。但是，一些不守规矩的人，诡计多端，他们专门揭罚单，把揭下的罚单贴在自己的车上，以此来躲过自己的车被贴罚单。这应该属于"三十六计"里所谓"偷梁换柱"一类的做法，如果诡计多端的人多了，用诡计来博弈，那就会毁掉法治，那就走不上法治道路。所以，法治一定是管理者和被管理者都要遵守规则，法治需要全体国民共同遵守。

二　中央怎样全面深化改革

以上主要是讲四中全会的主题依法治国，四中全会之前的三中全会，主题是全面深化改革。为什么要全面深化改革呢？我们知道，30多年来，中国的经济发生了天翻地覆的变化，全世界都看到，中华民族的经济上了一个大台阶，经济总量号称世界第二。正是因为经济上了大台阶，按照马克思主义原理，经济基础与上层建筑是相辅相成的，一个国家如果经济基础发生了巨大变化，那么，建立其上的上层建筑也就必须作出调整。当中国大踏步推进市场体制以后，社会体制的其他方面也就必须作出相应的调整。正是这样一种体制的大调整，才叫作全面深化改革。

为推进改革，中央成立了"全面深化改革领导小组"，由习近平总书记亲自担任组长，2014年已经开了六次会。我们简单回顾一下，第一次会议，2014年1月22日，首先通过了这个小组的工作规则，然后成立办公室。第二次会议，2月28日，每一次会议都有极其重要的内容。第三次会议，关于税务、户籍、司法的。第四次会议有一个重要事情，与老百姓关系密切，就是关于高考的，凡有参加高考的家庭都要关注了，高考改革了，高考改革的基本方向是全国统考减少科目、不分文理。第五次会议、第六次会议不细讲了。所有这些改革的基本内容，三中全会决定都有明确表述。所以，我建议大家有时间仔细读一下三中全会决定。这个文件叫"60条"，因为有60个段落，每一个段落都涉及了重要的改革内容，这个文件也叫"383"文件，总共统计起来，具体的改革措施有383项之多。

有这样多的改革措施，怎样来理解改革的基本思路呢？刚才讲了四中全会，其实四中全会和三中全会完全是吻合的，三中全会和四中全会的方向完全一致，就是要"推进国家治理体系和治理能力现代化"。那么，怎样推进呢？核心是处理好两个关系，一个是处理好政府与市场的关系,另一个是处理好政府与社会的关系。

1. 处理好两个关系

第一个关系,关于处理好政府与市场的关系。文件中讲了一句极其重要的话:"使市场在资源配置中起决定性作用,深化经济体制改革",还写道:"使市场在资源配置中起决定性作用和更好发挥政府作用",市场和政府都要发挥作用,市场排在前面,而且市场是起决定性作用。所以,该由市场做的要由市场去做,政府不要冲在前面。以往,我们更大程度上是政府在运作,而不是市场在起决定性作用,所以,改革的核心问题就是要扭转这个关系。

第二个关系,关于处理好政府与社会的关系。在政府与社会关系上,我们改革前的特点是,政府高度扩张,将很多本该由社会、社会组织完成的任务都包揽在身上,结果政府不胜其负,也不可能管好。在政府、市场和社会关系上,从世界范围看,比较突出的可以发现有四种不同类型的体制。当然,前面三种都已经完成现代化转型,进入发达经济体行列了。也就是说,前三种体制的国家或地区,都已经避免了"中等收入陷阱",人均国内生产总值都达到或至少超过了25000美元的水平,有些已经超过了5万美元,所以,它们的经验值得我们思考。我们国家的人均国内生产总值水平大约是6000美元。所以,我们正好处于中等收入陷阱阶段,所以,中华民族的任务是要跨越中等收入陷阱,全体国民共同奋斗,完成我们的现代化任务,进入发达国家行列。总书记将这个奋斗过程称作"中华民族的伟大复兴,中国梦"。这讲的都是一回事,就是我们这个国家进入了现代化国家的行列,这也是中华民族过去一百年一直想完成的任务。在这方面,建议大家去读一本书,美国哈佛大学教授傅高义写的《邓小平时代》,阐释了中华民族为实现现代化的奋斗历程，特别是改革开放以后的奋斗历程。

2. 关于政府与社会关系，对比四种类型的体制

上面已经提到，依据政府、市场与社会的关系，比较突出的有四种类型。第一种是市场和社会很强，政府干预能力较弱，最典型的就是美国。美国的法律对政府权力的约束比较多，所以，政府在经济生活、社会生活中起的作用有限。托克维尔的著作《论美国的民主》，就是想展示一个与欧洲或西欧不同的政府、市场与社会的关系。必须看到，美国政府干预能力弱有其缺点，尤其是在处理经济危机的时候，动员能力比较有限，但是市场、社会强也有其明显优点。美国市场与社会的自主能力强大，社会有强大的自我运行能力，而这恰恰是我们的社会不足的地方。

第二种是欧洲体制。在欧洲（主要是西欧、北欧），市场、社会的能力均比较强，同时政府的干预能力也比较强。政府通过比较庞大的社会福利保障体系、比较强大的公共服务体系，来平衡与市场和社会的关系。这点与美国不同，美国的公共服务体系、社会福利体系是比较差的。当然，公共服务体系、社会福利体系比较强大反过来也造成政府的过重负担，欧洲债务危机就与此有关。所以，比较第一种美国的体制，美国政府的负担要轻得多，美国主要靠增强市场与社会的活力提升公共服务，这一点我们要特别注意。当然，欧洲可以分为四个部分：北欧、西欧、东欧和南欧，这四个部分体制也有区别。相对而言，搞得比较好的是德国。德国的经验是，政府、市场与社会各司其职，政府承担了比较多的公共服务和社会福利职能，但是市场和社会也同时很有活力，社会保障、养老保障做得恰到好处，既实现了社会公平公正，又保证了企业、劳动者具有竞争力和活力，而且市场与社会之间的配合也比较默契。比如,德国的行业协会、职业协会非常发达,这些是社会组织,但是很有活力,完成了很多在中国属于政府的职能,如职业考试、职业培训等,同时又协助市场,完成了众多仅凭市场交换、货币交易不能实现的功能。

第三种是后威权转型国家或地区的政府、市场与社会关系。这些国家或地区集中在东亚,受中国传统儒家文化、传统官僚体制的影响较深,因此,与中国的可比性更强一些,人们常常提到的如韩国、日本、新加坡等。这些国家或地区,都是第二次世界大战以后逐步完成了城市化、工业化和现代化。在现代化建设的初期,有比较强大的政府,政治管控能力强,政府的干预能力很强,有些甚至有军事管制的成分。在现代化的进程中,逐步实现转轨。转型以后,政府让渡出了很多权力交由市场和社会去运作,政府的传统官僚体制发生明显变化。从多年的变化看,市场与社会的活力越来越凸显出来。

第四种就是中国。总的来说,在三者关系中,我们的最突出特征是政府主导,当然是指党和政府。改革开放以前,计划经济时期更是政府在配置几乎一切资源,食品通过票证配置,房子也是分配。改革开放以后,逐步建立起了市场机制,越来越多的资源通过市场来配置了。三者关系比较起来,社会最弱小。所以,我们就很好理解为什么要推进社会体制改革了,也明确了改革的方向是什么。

3. 社会体制改革与基层社会治理创新

在转变政府职能和处理好政府与社会关系方面,我们最近对一些基层社区作了调查。既然说要调整政府与社会的关系,那我们就看一看在基层,政府和社会是什么样的关系,调查了基层街道,调查了社区居委会。

调查中发现一个问题，很多居委会成员，不是本社区的居民。一些老的、传统的居委会工作人员，还能够找到本社区居民，然而，随着城市建设的发展，新生社区、小区非常多，这些商品房小区里，很少有居委会成员来自本社区。这样就涉及一个比较大的问题了，根据《城市居民委员会组织法》，居民委员会是什么性质呢？是居民的自治组织，如果居委会成员都不是本社区的，都是外面招聘来的，那就失去了自治的性质。近年来，要成为居委会成员也是需要考试的，所以，真正本社区居民参加居委会的就越来越少了。那么，居委会究竟在做些什么事情呢？居委会主要就是完成上级街道委员会布置的任务，上面布置的任务非常多，居委会为完成上级任务已经忙得不可开交，哪里谈得上自治？而且，居委会成员的工资也是上级发的，所以，居委会就是街道的一条"腿"，是代表上级来工作的。这就是一个大问题，名义是自治而实际上没有。如果我们没有居民的自治，会出什么问题？由于没有真正的居民参与，社区里所有的事情都是政府的责任，居民没有积极性。广大群众都不参与，社区肯定也建设不好。那么，老百姓有参与的动力吗？最近的调研发现，房改以后，多数城市居民成了房屋的主人，老百姓买了房子以后，他们很关心自己的社区、关心自己的房子的房价，其实老百姓有很高的参与积极性。但是，目前基层治理体制没有参与的机制。居委会成员要每天上班、拿工资，而本社区的成员没人愿意拿这样的工资上班。所以，实际的局面是居委会严重与本社区居民脱节。所以，要真正推进社会体制改革，就要实现基层社会治理创新，原来这套老的体制已经与社会需求、社会实际严重脱节了。而且，从依法治国的角度看，我国目前的《城市居民委员会组织法》是1989年通过的，一直也没有修正过，很多地方都严重脱依法治国、创新社会治理与全面深化改革

离实际。如果对照这个文本的话,我们很多地方也都是违法的。可见要实现法治社会,需要做的工作还很多,还有相当长的路要走。那么,我们深化改革的前景究竟会怎样呢?我想还是用毛主席的一句话来作结尾吧,毛主席告诉我们说:"前途是光明的,道路是曲折的!"

谢谢大家!

互动交流

1. 香港的"占中"问题,能不能在法治的框架内得到尽快解决?

【听众提问】:

您刚刚提到您很关心"占中"的问题,我们前面讲依法治国,香港的"占中"问题,能不能在法治的框架内得到尽快解决?

【李强】:

我相信在各方的努力下一定能够尽快得到解决。

2. 河南深化户籍制度改革,建立城乡统一的户口登记制度,取消农业户口与非农业户口的性质区分,城乡统一登记为居民户口。这个改革对河南居民,特别是农民有什么影响?

【听众提问】:

李教授您好,我是河南籍的华大本科生,今天早上听到新闻说河南深化户籍制度改革,建立城乡统一的户口登记制度,取消农业户口与非农业户口的性质区分,城乡统一登记为居民户口。我想问您,这

个改革对河南居民，特别是农民有什么影响？谢谢！

【李强】：

户籍问题是很重大的问题，中央在改革文件里确实提到了，习近平在主持改革小组会议时，有一次就专门提到深化户籍制度改革，河南也是想解决这样的难题。当然，户籍制度改革绝对不是简单地改变名称就可以完成的。城乡户籍统一，最初的想法是基于这样的考虑：相对而言，城市的生活水平高，农村的生活水平低，所以户籍改革最初的想法是让农民也能够享受到城市人的各项权益，有平权的含义。但千万不要以为全体农民都愿意拿到城市户籍，清华大学的调研数据证明，有不少农民并不愿意拿到城市户籍。本来我们设想一定是老人不愿意要城市户籍，而年轻人愿意获得城市户籍，但实际情况要复杂得多。调研显示，很多老人愿意转为城镇户籍，因为按照规定，60岁及以上的老人转为城镇户籍后，每月就可以领取养老金，而年轻人转为城镇户籍后，发现什么好处也没得到，虽然承诺未来也会有养老金，但那是几十年以后的事，而且从现在起，每月还要交钱。反之，如果不变成城镇户籍的话，他有宅基地、有土地，而年轻人期望这些土地未来还有很大的升值空间。

总之，在城乡户籍问题上，土地是最重要的焦点。这样我们就看到了，户籍只是一个说法，如何处理各种利益问题才是核心，土地是关键。土地是指农村的耕地、林地和宅基地。怎样处理土地问题？国内有过三种实验：重庆实验、四川实验、广东实验，三种实验都积累了不少经验。比如，四川实验，强调农民土地确权，政府给农民发土地证，确认农民的土地权利，以及允许土地交易。广东的实验，实验过土地抵押贷款，这都是很重要的。农民的最大资源是土地，怎样处理好土地问题是农村户籍问题的关键，中华人民共和国的土地有两种所有制，城市土地是全民所有，农村土地是农民集体所有，城乡是两种不同的土地所有制，怎样解决这种差异问题，需要一线积累经验。做实验一定要符合中国国情，好的改革措施一定不是从办公室里头来的，从办公室里来的改革常常最不符合实际，改革一定是老百姓自己的事情，改革一定要符合大多数人的愿望。在这一点上，我还是主张大家读读前面提到的傅高义的《邓小平时代》。邓小平最大的优点就是他非常了解老百姓的心态，改革一定是每一个人都愿意参与和推动的事，这样改革才能顺利进行。如果改革只是少数人在那里运作的事情，这个改革就一定不可能成功，所以需要思考邓小平的改革。邓小平推动了两次重要改革，一次就是家庭联产承包责任制，农民特别期盼，将农业生产与家庭挂钩，每一个农民都有积极性。邓小平的第二次改革是在城市里推进的，就是1992年的南方谈话。南方谈话之后，全国一下子经济腾飞，其实是每一个人都有参与的积极性。改革之所以能推进，一定是每一个老百姓都看到改革与他的利益相关，与他的利益是相符的，这样的改革就一定能成功，如果每一个人都觉得这个事和我没关系，这个改革几乎就没有办法实施。

3. 在转变政府职能过程中，社会团体和社会组织充当着一定的角色，应该怎样定位这些NPO、NGO呢？

【听众提问】：

李教授，您好，我是华侨大学公共管理学院的学生，我有一个问题，在转变政府职能的过程中，社会团体和社会组织充当着一定的角色，应该怎样定位这些NPO、NGO呢？

【李强】：

如果大家读三中全会文件的话，会发现其中有一句话是非常明确的，叫作"激发社会组织活力"。那么，什么是社会组织呢？就像刚刚这个同学讲的，讲起社会组织，我们马上就理解为NPO、NGO。所谓NGO（Non-Governmental Organizations，非政府组织），是海外传来的概念，就是指民间的组织。近些年，这类组织发展很快，体现了广大社会成员参与的积极性和活力。当然，这类组织从发挥的功能看，还是没有办法与政府的功能相比。其实，在中国，还有一类社会组织，是力量强大的，是我们不能忽视的，这就是"工会、青年团、妇联"。但是，如果你见到"工会、青年团、妇联"的人，说他们是社会组织的，工青妇的人会坚决反对，他们说自己是政府部门的，自己是公务员。所以，我们发现，确实必须推进改革了。"工会、青年团、妇联"本来应该起到最重要的社会组织的作用，但是，现在起不到社会组织的作用，它们把自己看成是政府部门。中国社会要想真正完成现代化转型，就必须梳理清楚政府与社会的关系，政府一定是有边界的政府，不能把社会组织都归到政府一方，如果是那样的话，政府就无法简政放权，也就不能实现国家治理体系的现代化。本来与广大群众联系最密切的"工会、青年团、妇联"人员也自认为是官员，其实质是越来越脱离群众了。所以，激发社会组织活力非常重要，如果没有社会活力，现代化转型就不可能完成。所谓社会组织，一类是如这位同学说的NGO、NPO等民间组织，需要激发活力；另一类，就是原本在共和国发挥极大功能的社会组织，组织体系也极其庞大，但是，现在变得比较官僚化，要通过改革激发它们的活力。

社会组织在中国未来几十年的发展中，一定要发挥极大的作用。

依法治国、创新社会治理与全面深化改革

此次三中全会文件写了,"限期实现行业协会商会与行政机关真正脱钩"。也就是说,目前,我们的行业协会、商业联合会等,也和政府绑在一起,也官僚化了。我们可以与德国作个对比,德国的行业协会、商会非常发达,有非常强大的社会功能,可以说,没有这些行业协会、商会,就没有德国的市场经济。说起德国,所有人都承认它的产品质量世界一流,产品的工艺水平世界一流。为什么世界一流呢?因为德国技术工人的工艺水平高,为什么高?因为有这些行业协会、商会、职业联合会。任何一个人要就业,首先必须通过行业协会、职业联合会的考试,你不会就教你,要是没有行业协会、职业联合会的批准,企业就不能雇用你。所以,德国的行业协会就是最重要的社会组织,而且都是基层的社会组织。我举这个例子是想说明,在未来几十年里,我们要重新思考社会组织的功能,社会组织将在中国社会的发展中发挥极大的作用,如果它不能发挥作用的话,我们也就难以真正实现现代化。所以,要通过改革,激发不同类型的社会组织的活力,为实现中华民族的伟大复兴而奋斗!

因为时间关系,今天就讲到这里,谢谢大家!

汤震宇简介

汤震宇 现任交通运输部水运科学研究院副总经济师，研究员。1982年毕业于上海海事大学，具有30余年交通运输行业和水运研究领域工作经历，主持和参与完成20多项国家和交通运输部项目，曾获得"国家重大技术装备优秀奖""交通部科技进步二等奖""中国航海科技三等奖"等多项学术奖励，对我国水运和综合交通运输有深入研究。

近年来，主要从事交通政策、水运发展、海铁联运等方面的研究工作，是2009年全国内河航运发展座谈会主题发言的主要执笔人和《国务院关于加快长江等内河水运发展的意见》的主要参与者，2011年交通运输部、铁道部《关于加快铁水联运发展的指导意见》的主要执笔人、全国6个集装箱铁水联运示范项目技术支撑核心成员，2013年《交通运输部关于交通运输推进物流业健康发展的指导意见》的主要参与者，2014年《交通运输部关于推进港口转型升级的指导意见》的主要参与者和执笔人，2014年发布的《公路水运交通运输主要技术政策》的主要参与者和执笔人，2014年第四届中国—亚欧博览会"21世纪海上丝绸之路展览"主要策划者，2015年中国航海日论坛执委会成员。

建设21世纪海上丝绸之路
构筑对外开放新格局

汤震宇　　　　2014年12月17日

尊敬的杨俊峰主席，在座的各位领导大家下午好！承蒙黄少萍书记的提议和泉州市领导的盛情邀请，很高兴就"建设21世纪海上丝绸之路 构筑对外开放新格局"与大家进行交流。由于本人对国家"一带一路"战略的理解还很粗浅，对泉州市历史和现状的了解还不够，我的发言难免有不当之处和偏颇之词，请各位领导批评指正，也非常愿意与大家就共同关心的问题进行探讨。

回顾中华民族的璀璨历史，开辟陆上和海上

丝绸之路，是闪耀于人类文明史的杰出壮举，也是具有历史和现实意义的珍贵历史文化遗产。今天，中国已经进入全面建设小康社会的决定性阶段，并将进而实现中华民族伟大复兴的中国梦。站在这样的历史新起点，以习近平同志为总书记的党中央审时度势，明确提出与相关各国共同建设丝绸之路经济带和21世纪海上丝绸之路的战略构想，以推进经济带的区域大合作、发展海洋合作伙伴关系，构建和平发展的新环境。"一带一路"战略作为我国深化改革开放和推进周边外交的大手笔，高瞻远瞩，气势恢宏，顺应时代潮流，合乎发展需要，具有重大的历史意义和现实意义。下面我围绕五个方面的内容与大家交流学习心得。

一　确立21世纪海上丝绸之路战略
——时代背景和重大意义

全面贯彻"一带一路"战略，必须充分认识提出21世纪海上丝绸之路战略的时代背景，深刻认识确立21世纪海上丝绸之路战略的重大意义。这是我要讲的第一部分的内容。

（一）时代背景

1. 实现以中国梦为标志的中华民族的伟大复兴

2012年11月29日，习总书记在国家博物馆参观"复兴之路"展览时，首次阐释了"中国梦"的概念，把"中国梦"定义为"实现中华民族伟大复兴，就是中华民族近代以来最伟大梦想"。1997年9月，党的十五大报告首次提出中国"两个百年"奋斗目标：在中国共产党成立一百年时全面建成小康社会，在新中国成立一百年时建成富强、

民主、文明、和谐的社会主义现代化国家。此后,党的十六大、十七大、十八大都重申和强调了两个百年奋斗目标。应该说,两个百年目标是我们今后一个时期的奋斗目标,中国梦则是我们两个百年目标的形象化表述。习总书记明确指出,实现中国梦必须走中国道路,必须弘扬中国精神,必须凝聚中国力量。

两个百年目标和中国梦集中体现了中华民族不断追求民族振兴、国家强盛、人民幸福的意志和期待。实现两个百年目标和中国梦时不我待,从现在起到2021年,只剩短短六年的时间,到2049年,也只有35年的时间。用这样一段时间,在拥有13多亿人口的中国全面建成小康社会,并进而把中国建设成社会主义现代化国家,这是自人类社会诞生以来从来没有过的壮举。虽然任重道远,但是我们相信,中国人民有信心、有毅力、有能力去实现这样的宏伟目标。应该说,当前我们已进入了中华民族伟大复兴的关键阶段,在此节骨眼上,中央提出"一带一路"战略就是为实现两个百年目标和中国梦而谋划的重大步骤之一。纵观全球,中国与世界的关系正在发生深刻的变化,我们同国际社会的互联互动也变得空前紧凑紧密。我们对世界的依赖、对世界事务的参与正在不断加深,世界对我国的依赖、对我国的影响也在不断加深。在此背景下,实现两个百年目标和中国梦,从一定意义上来说,如果不实施"一带一路"战略将面临很大的困难,甚至会有夭折的风险。

2. 用好重要战略机遇期

当今世界正处于大发展、大变革、大调整之中,世界多极化、经济全球化深入发展,文化多样化、社会信息化持续推进,科技革命孕育新突破,全球合作向多层次全方位拓展,新兴市场国家和发展中国家的整体实力增强,国际力量对比朝着有利于维护世界和平的方向发展。在此国际大势下,中国发展处于可以大有作为的重要战略机遇期。

回看人类历史,世界动荡和大国兴衰如影相随。对历史上许多大国而言,崛起冲刺阶段的战略机遇期意味着什么?一般都是从事扩充备战的机遇期。不仅崛起的目标是为了应对战争,崛起的手段也是通过战争。现在中国已经进入了实现中华民族伟大复兴的崛起冲刺阶段,并处于重要战略机遇期,到了必须回答中国如何崛起、如何完成冲刺的时候。对此,十八大报告强调指出,中国的崛起必须坚持和平发展原则,要坚持开放的发展、合作的发展、共赢的发展,通过争取和平的国际环境发展自己,又以自己的发展来维护和促进世界和平,扩大同各方的利益汇合点,推动建设持久和平、共同繁荣的和谐世界。

"一带一路"战略的提出,就是贯彻党的十八大关于坚持和平发展的具体体现,是我国在重要机遇期大有作为的重要内容,表明我国将会以更加积极的姿态参加国际事务,发挥负责任大国的作用,不仅强调利用和抓住机会,更加强调要创造和发展机遇。在此,我们先回顾一下我国的经济结构和在世界上的分量。

第一个图是我们改革开放以来经济发展的总体情况(见图1)。

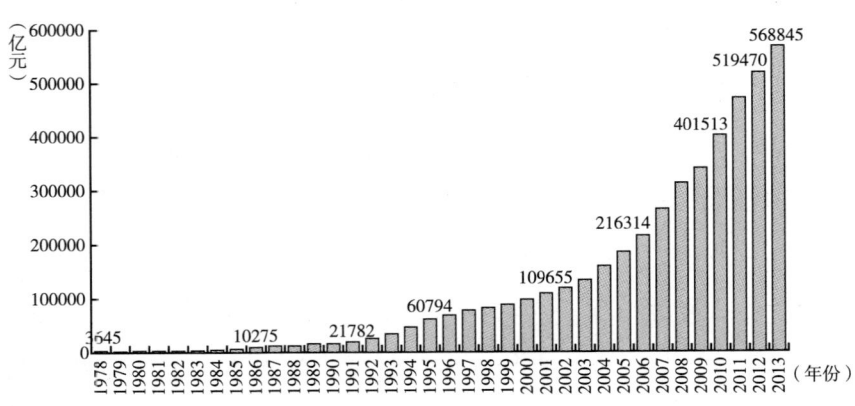

图1　1978~2013年我国国内生产总值

这个图反映了什么呢？请看几个柱，我们的国内生产总值基本上是以四到五年时间翻一番这样的速度在发展。

第二组图是我们经济结构的变迁（见图2）。

1952年我们是典型的农业国家，第一产业占一半以上。经过二十多年的努力，到1978年改革开放，实际上已成为以第二产业为主导的初步工业化国家。到了2013年，我们第三产业首次超过了第二产业。应该说，这标志着我们国家经济发展迎来新的变化的转折点。

用这张图我们来看一下我国GDP在全球的比重（见图3）。

1978年大概是2.32%，一路发展过来，到2013年是12.30%。从这张图

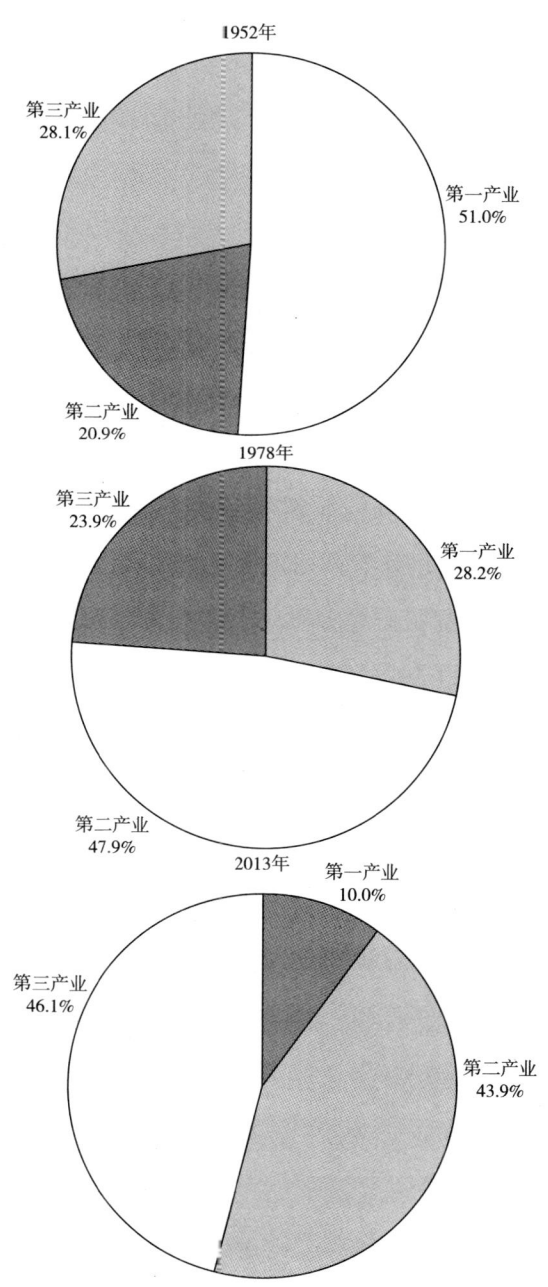

图2 我国经济结构变迁

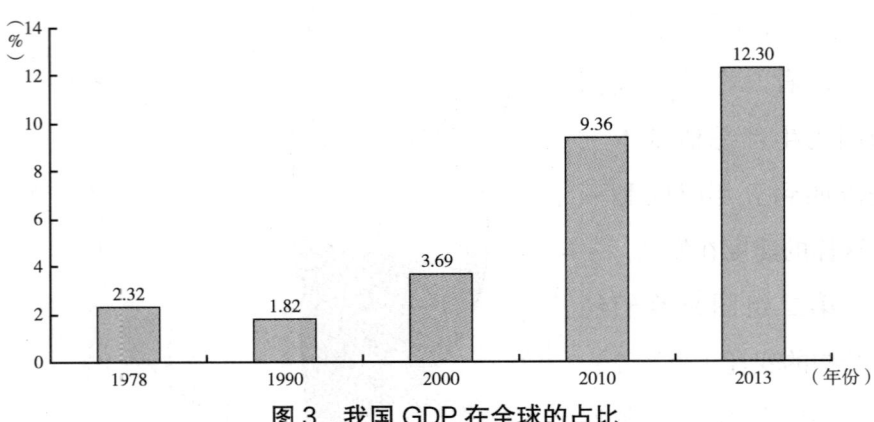

图3 我国GDP在全球的占比

来看，我们现在是创了新中国的历史新高。为什么是新中国的历史新高？我们再来看两张图（见图4）。

这两张图是日本一个学者研究归纳的1600年和1820年全球经济格局，这个时候我们中国占世界总量的30%左右。应该说，我们现在

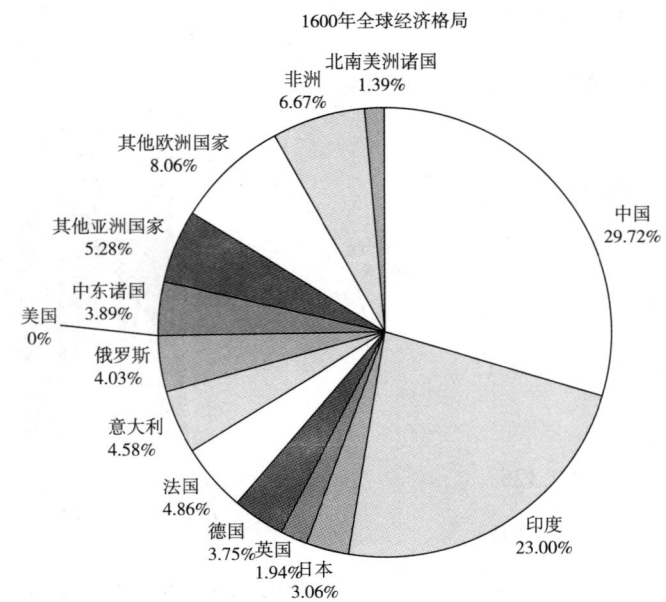

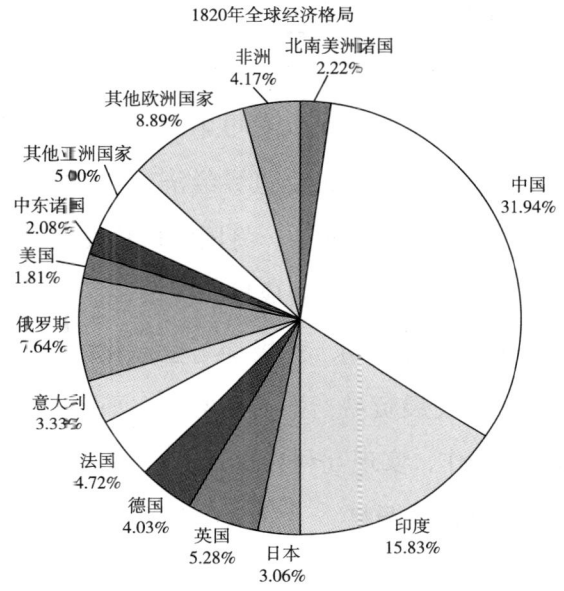

图 4　全球经济格局变迁

经济总量远大于过去，但从经济结构比例来看只占12%多，而历史上曾达到30%。

我国经济体量大了，但人均水平还是很低的，按照现代化国家的标准来衡量，很多方面差距仍很大，还没有实现中华民族的伟大复兴。如果按照历史上我们中国经济的地位，用2013年的世界经济规模来算的话，大概应该达到140万亿元人民币才能够占到30%的份额。何况到2021年、到2049年，其他国家经济也会发展，全球经济规模还会进一步膨胀，届时我们的GDP比这140万亿元还要大得多。

从这个角度来看，我们的发展光是在中国这个地盘上打转转显然是不够的。无论是从资源还是从市场角度，我们都需要全球的开拓。那么，能靠战争去攻城略地开拓空间吗？显然不行，不但殖民时代已经过去了，靠霸权控制世界的时代也将完结。那要靠什么？我们要靠

"和平发展、合作共赢"的发展模式,用"一带一路"大战略和沿线各国共同打造利益共同体、命运共同体和责任共同体。

在重要战略机遇期我们是大有可为的。为什么呢?经济全球化已经势不可当,我国已经成为带动世界经济增长的火车头。面对这难得的战略机遇期我们必须顺势而为,将国际形势发展产生的"机会窗口"转化为一系列战略、行动和发展成果。应该说,我们提出"一带一路"战略就是要抓住这个机遇期,积极参与全球化的分工与竞争,在全球范围内配置资源,发展贸易,推动投资,在平等互利的基础上发展同世界各国的友好合作,实现互利共赢。

3. 世界经济结构的调整

下面,说一下关于世界经济结构的调整。有一个印度裔美国学者叫法里德·扎卡利亚,他是因研究大国崛起而知名的,他曾经在《后美国时代大国崛起的经济新秩序》这本书中提出,当今世界正在发生"第三次权力转移",包括中国、印度、俄罗斯、巴西等新兴国家和众多非国家行为体在内的"他者"迅速崛起,一个后美国世界的新国际体系呼之欲出,它必将重新勾画世界政治经济秩序。他的这个观点发表之后曾经引起了一阵轰动。这个轰动我看是大惊小怪,按照我们信奉的马克思主义理论,他老人家早就揭示了"经济基础决定上层建筑"这一真理。随着中国等新兴大国的崛起,正在或者已经改变了全球的经济结构,因此,旧的世界经济秩序必然被打破,并在新的基础上建立新的秩序。

现今世界,总体上来看,仍然还是维系第二次世界大战后建立的国际政治经济体系,老牌的资本主义国家继续占据世界经济的主流地位,在世界政治舞台上发挥着主导作用。发展中国家在全球开放的经济体系当中,还是处于从属地位,在被动地接受国际产业分工。因为经济上的落后位卑言轻,也弱化了政治的话语权。但随着发达国家和跨国公司为追求更大的利润而推动的经济全球化以及近几十年的第三次科技革命发展,落后国家赢得了弯道超车的机会,形成了后发优势,以中国为代表的新兴国家经济发展迈入快车道,并且超越了许多老牌资本主义国家。对此,一些西方人士甚至在后悔当初为什么要搞经济全球化,所以现在也有一种舆论鼓吹要走回贸易保护主义的老路。

当然,世界上没有后悔药,既要让穷国为富国打工,又不想让穷国富起来过上好日子,这样的强盗逻辑能长远吗?用马克思主义理论来分析,经济全球化是早晚的事情,世界必定走向大同。中国在经济全球化浪潮中,经过努力拼搏已经成为世界第二大经济体,还要继续努力实现我们的中国梦。因此,现在要改变的是世界经济秩序,而不是从经济全球化退回去,需要加快建立促进和平发展、合作共赢的世界政治经济新秩序。既然是既要让自己过得好,也要让别人过得好,实施"一带一路"战略就是我们中国向世界展示的实际行动。

4. 世界多极化势不可当

第二次世界大战后世界进入冷战时期,按照意识形态调整划分西方阵营和东方阵营,美国与苏联两个超级大国死磕。最后,苏联由于内因外因在1991年轰然倒下并解体。西方阵营弹冠相庆,美国独霸天下。之后美国确实过了一段好日子,在全世界呼风唤雨,不可一世。但是,正如马克思指出的,资本主义自出生的那一天起就注定是一只贪婪而血腥的张牙舞爪的恶魔,也如中国传统辩证哲学所说的"盛极必衰",美国式的贪婪终于酿成了2008年的金融危机。世界从来都是多元化的,各国都在发展,美国独霸天下本来就不会长久,金融危机的发生应该说是动摇了美国独霸世界的信心与能力,使已经风起云涌的世界多极化进入了换挡加速期。

放眼全球,新兴国家群体性的崛起,区域性的联盟合作不断深化,国际金融危机爆发以后,被称为金砖五国的经济发展表现不凡,东盟、拉盟、阿盟、欧盟等也更加活跃,由新兴大国和地区国家主导的双边多边协商频繁开展,向着经济、科技、社会、环境、国际制度改革等纵深议题领域挺进,过去以西方为主导的秩序和格局正在被打破。对此,我国必须要因势利导,抢抓战略机遇,积极推动与新兴国家市场之间的合作,维护和巩固中国崛起的势头,牢牢把握全球治理改革的主动权和中国和平发展的主动权。提出"一带一路"战略,就是要将中国倡导的理念、智慧转化为沿线国家的共识和行为准则,用中国力量夯实沿线地区互利合作共赢的基础。

(二)重大意义

上面从 4 个方面讲了时代背景,下面谈一下确立 21 世纪海上丝绸之路战略的重要意义。

建设 21 世纪海上丝绸之路是实现中国崛起的重大决策。关于海洋,世界上一直流传着一句名言,"谁控制了海洋,谁就控制了一切"。据说这跟一场战争有关,2500 年前希腊人和波斯人发生了萨拉米斯海战,结果希腊打赢了,波斯人在爱琴海上的制海权从此结束,这句话就是当时指挥这场战争的雅典将军地米斯托克利说的。也有一个观点,说这句话是古罗马一个哲学家西塞罗说的。不管谁说的,这句话道出一个规律,就是强国的兴盛变迁无不与海洋有关。尤其是 18 世纪美国人马汉写的《海权论》问世以后,人们对海洋和海洋权益有了更深的认识。虽然马汉写了《海权论》这本书,对"海权"两个字并没有进行精确的定义,但最起码赋予了两个主要含义,也就是说,海权是带有军事和经济双重意义的。事实上,近代以来,一个国家如果要通过海上通道维护与他国的贸易,就必须有维护海上通道自由使用的能力,而这种能力不仅仅是要靠军事能力,也离不开国际政治范畴内的外交和经济协作能力。

下面,大家请看一张图(见图5)

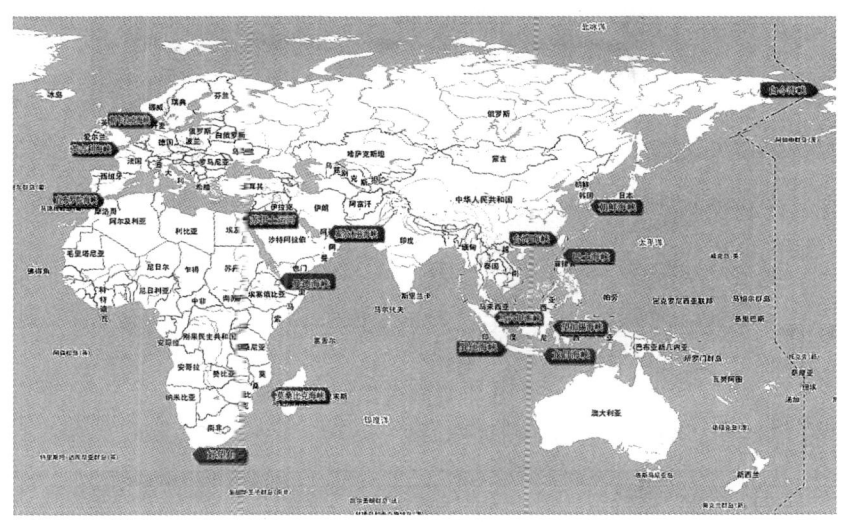

图5 国际咽喉水道

这张图是美国提出的全球20个咽喉水道中的16个,咽喉水道也是美国军队要极力控制的战略要地。几个画了框的位置,跟我们的对外贸易有密切关系。

目前,我们国家的经济发展模式正在由外需拉动向内需驱动转变。2013年外贸的依存度有所回落,但是也仍然达到49.3%,也就是说,2013年完成的国内生产总值将近一半是与货物进出口有关的。海关数据和港口数据表明,进出口货物的运输,如果按金额来算,海运占 60%，但实际进出的货物则 90% 是靠海运。2013 年全国港口完成的外贸货物吞吐量，进港 24.7 亿吨，出港 8.5 亿吨。此外，海洋经济也达到相当规模，2014 年达到 5.4 万亿元，涉海就业人口也达到了 3500 多万人，应该说我国经济与海洋的关系已非常密切了。

下面用两张图表来看一下（见图 6、图 7）。

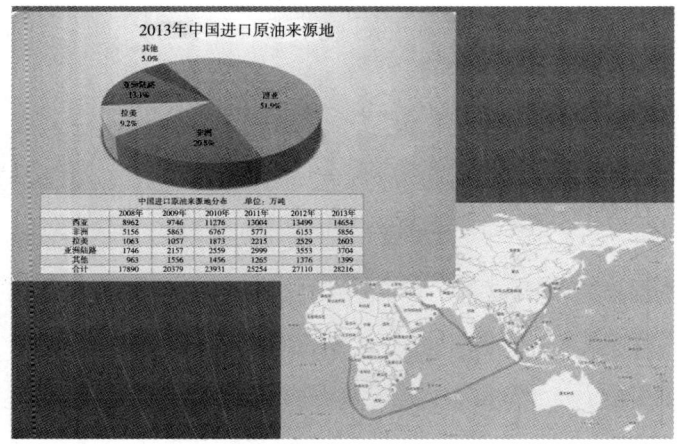

图 6　2013 年中国进口原油来源地

说明：数据未含港澳台地区。

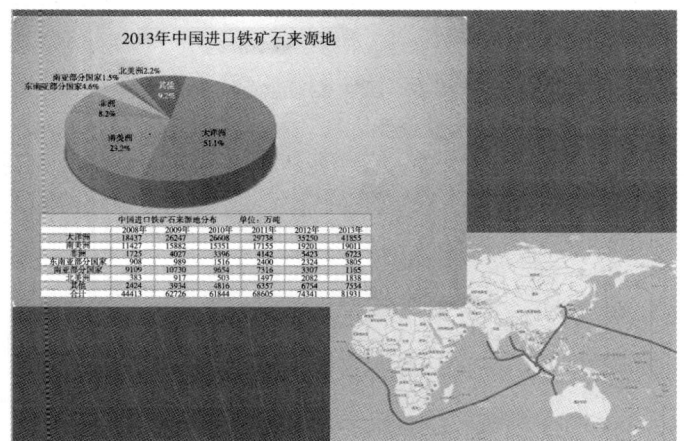

图 7　2013 年中国进口铁矿石来源地

说明：数据未含港澳台地区。

关于进口原油，2008年我们进口原油1.8亿吨，五年以后，2013年是2.8亿吨，在这2.8亿吨里面，西亚过来1.5亿吨，从非洲过来5800多万吨。图中展现了我们的原油进口航线，刚才说的国际咽喉水道中哪些是对我们有制约的，通过这张图就一目了然了。

关于铁矿石的进口，2008年进口铁矿石大概是4.4亿吨，五年以后，2013年进口铁矿石8.2亿吨，大体翻了一倍。铁矿石的进口有一半来自澳大利亚，其次是南美洲。非洲有6700多万吨。

另外是进口煤炭，我们是煤炭生产大国，怎么会进口煤炭？2008年的时候进口确实不多，也就是4300万吨左右。但是，随着我们调整经济结构，煤炭产业的调整，2013年从国外进口已达到3.3亿吨，现在我们已是世界上煤炭进口第一大国。从澳大利亚过来8000多万吨，从东南亚过来大概是1.4亿吨，还有从加拿大过来的一些。从澳大利亚过来的就要经过巽他海峡。

关于集装箱运输，集装箱是我们国家生产的成品对外贸易的主要运输方式。比较来看，集装箱的增长虽不像散货翻倍增长，但也很快。2008年、2009年的时候，是5000多万标箱（重箱），2013年是7300万标箱（重箱），集装箱运的货物有17亿多吨，不到18亿吨。应该说，集装箱运输发达地区占大部分，欧洲是1500万标箱，我国进出欧洲的集装箱也必须经过一些咽喉水道（见图8）。

从这张图上大家可能注意到在北极地区画了一根虚线，这是北极东北航线。随着地球气候变暖，北极航线开始显现出它的经济价值，而且国际科学界有一个预测，2050年，北极冰块大部分会融化。大家也可以看到，最近北极相关各国都在发力，如俄罗斯成立北极战略司令部，丹麦提出北极领土要求。实际上都是针对未来30年控制北极资

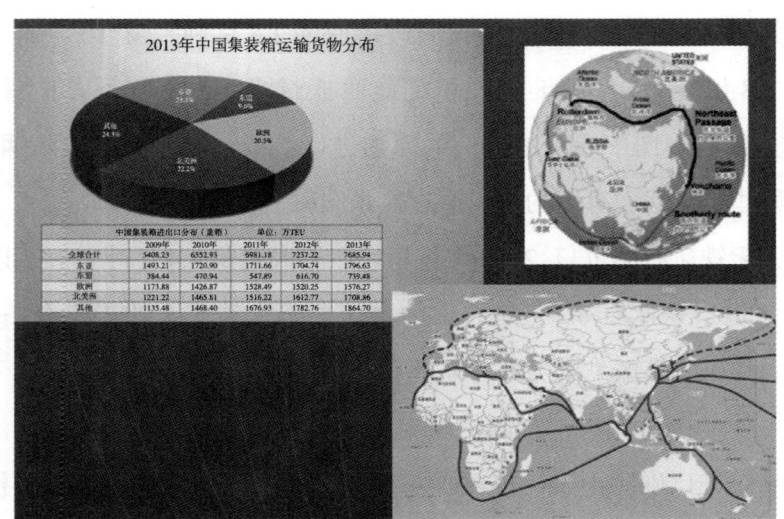

图 8 2013 年中国集装箱运输货物分布

说明：数据未包含港澳台地区。

源和航线。为什么北极航线这样被大家所关注？从图右上角看得很清楚，东北亚国家走北极航线，比传统的航线可以减少 2800 多海里。我们国家最近也开始动作，2013 年 9 月 10 日，中远集团永盛号轮从太仓港出发，走了北极航线，27 天到荷兰鹿特丹港，这是我们首创经北极抵达欧洲的航路。现在北极的通航期每年是一个多月，按照国际航运界的惯常测算，某条航路一年内有十分之一的时间可以走的话，这条航路就具有商业价值。所以，现在北极航线的运量在不断增加。这也是现在一些国家对北极争得很厉害的原因。

　　以上数据说明，我们国家的经济已经离不开海洋，尤其是海上通道已经成为重要的命脉。中国的崛起必须走出去，海洋的重要性是不言而喻的。党的十八大报告在论述中国社会主义总体布局的时候明确提出：要提高海洋资源的开发能力，发展海洋经济，保护海洋生态环境，坚决维护国家海洋权利，建设海洋强国。习总书记在中央政治局

第八次集体学习会议上强调，建设海洋强国是中国特色社会主义事业的重要举措，要进一步关心海洋、认识海洋、经略海洋，推动我国海洋强国建设不断取得新成就。我认为，这些话中，习总书记说的"经略海洋"具有非常丰富的内涵和明确的指向，保障对我国经济有重大影响的海上通道的畅通是其中的重要内容。建设21世纪海上丝绸之路，在新的历史条件下，通过拓展与沿路国家的经济合作、文化交流，构建兴衰相伴、安危与共、同舟共济的命运共同体，是对事关我国经济发展的海上通道畅通的最好保障，也是实现中国崛起的一个重大决策。

建设21世纪海上丝绸之路是打造中国崛起环境的战略举措。改革开放30年来，随着我们国力的增强和对外贸易的发展，经济上有求于中国制造的国家已经遍及世界各个角落，政治上中国的声音也获得广泛的认同。但客观来看，如今的中国并没有真正崛起，因为发展并不等于崛起，发展提高的是一个国家的综合国力，落脚点还是在经济社会领域，而崛起在更大意义上是国际地位和影响力的全面提升。国家之间在经济领域是比较容易建立合作关系的，但在国际地位排序上的更迭就会存在竞争。中国的崛起应该说一定会影响到周边乃至全球格局的变化，形成中国同其他大国和周边地区国家之间既合作又竞争的局面，这个趋势是非常清楚的，必须要调整这个格局。因此，我们的崛起必然跟国际环境，尤其是周边的安全环境状况密切相关。

一般来说，传统意义上的周边安全环境主要是指周边的政治军事安全环境。由于周边国家力量和中国的关系是处于变化之中的，而且全球到目前为止还处于一超独大的政治环境中，从这个角度来看，中国的周边环境也不是一成不变的。从现在的发展来说，中国的周边环境存在向更加复杂的情况演变的趋势。我国是世界上邻国最多、边界情况最为复杂的国家,有 14 个陆地邻国,有 8 个是海上相邻或者相向,陆地边界是 22000 公里,排在世界第一位。我们既没有像英国那样以岛为安的条件,也没有美国那样拥有太平洋和大西洋作为天然屏障,周边国家在政治制度和民族经济发展方面又差异很大,使我国的周边环境缺乏与生俱来的优势。对照英国和美国,我们就更需要去创造有利于我们的发展环境。

现在来看,我们陆地接壤的 14 个邻国中有 12 个已经完成了划界,解决了全部陆地边界 90% 的定界。剩下的是印度和不丹,印度主要是克什米尔的问题,应该说,要解决这个问题还需要时间。现在与我们相邻相向的 8 个海上国家跟中国全部有争议,甚至朝鲜跟我们也有争议。与每个国家的争议也完全不一样,一类是岛礁主权的争议,如钓鱼岛和南沙群岛,一类是海洋划界的争议。因为 1982 年《联合国海洋法公约》规定了沿海国可以主张 200 海里专属经济区,恰恰东亚的一片,我们与一些国家的海上距离,窄的也就 200 多海里,那么怎么划?应该说我们现在面临的局势比较复杂,原来有争议的是一两个国家,现在是 8 个国家搅在一块。为什么会出现这种情况?就是要应对中国的崛起,以日本挑起的钓鱼岛争端为标志,可以说中国周边环境进入了特殊过渡期,甚至可形容为"周边摩擦"期。

"周边摩擦"期出现的原因,可以归纳为:一是美国强化其亚太军事联盟体系;二是周边这些国家要借助外部势力寻求改变一些现状,跟中国的对抗性提高了;三是跟我们以经济促进政治的效应下降有关。原因很复杂,因为原来可能用经济援助的方式可以解决的问题现在也解决不了了。所以,中国现在倡导和力推的东亚区域合作局面也面临困难,发展不确定性也在增加。可以说,未来一个时期亚太地区的稳

定前景是不太确定的,虽然我们一直在倡导太平洋足以放下中美两个大国,但这个大国关系应该说还有待重新定位。我们有我们的想法,但我们的想法能不能被周边国家所接受、被大国所认可,这是关键。

对此,我认为,中央提出的"一带一路"战略是极其高明的。一是在周边环境不利的局面下,将崛起的战略视角放在欧亚大陆。大家可以注意到,我们倡导建设21世纪海上丝绸之路,日本、朝鲜、韩国没有纳入,而是延伸到更远的南亚、阿拉伯、东南欧。二是我们在作为的方向上作了一些调整,搞双边贸易协定,搞货币互换,进一步加深经济上的往来。三是向周边国家亮出了中国既有能力又有意愿来推动地区发展,维护地区安全。随着时间的推移,建设21世纪海上丝绸之路这一战略举措对于打造中国崛起环境的深远意义和重大作用将进一步显现。

建设21世纪海上丝绸之路是中国走向崛起的重要一环。中国是爱好和平的国家,中国在海上的崛起又是实现中华民族伟大复兴梦想的必然内容,这决定了我们要和平崛起,不能走西方穷兵黩武式的崛起之路。中国要崛起,任有一些国家不愿看到,要遏制我们,怎么办?中国孙子兵法有一句名言叫作"不战而屈人之兵",其境界就是要以"理"和"力"服人,理就是晓以利害,以和为贵,"力"就是摆明我们的力量,犯我者必亡。建设21世纪海上丝绸之路就是我们海上崛起的大战略,用我们的气概,走出一条和平崛起之路。

从目前来看,如果我们跟有关国家关于岛屿之争、海洋划界之争甚至印度边界之争继续升级,应该说还是存在擦枪走火甚至发生局部战争的可能,尤其是个别国家得寸进尺,不断挑衅,必须要有敢打的决心和打胜的能力。但是,这是到最后的被迫之举。我们倡导建设海上丝绸之路,是以"亲、诚、惠、融"这种理念来对待沿路国家,本着互利共赢的原则，与沿路国家开展合作，让沿路国家也得益于我们国家的发展，和中国成为利益共同体、命运共同体、责任共同体。如果中国能够以最大程度的和平办法来解决海上争端，冲出美国、日本等联手构筑的重重围堵，胜利走向大洋，真正将21世纪海上丝绸之路建设成为行之有效的区域合作平台，应该说，中国就创造了从来没有过的海上和平崛起的历史，这不仅是中国走向崛起的重要一环，无疑也是对人类发展的重大贡献。

二 实施21世纪海上丝绸之路战略
——基本脉络和重点内容

（一）基本脉络

下面我们梳理一下海上丝绸之路的基本脉络和重点内容。建设21世纪海上丝绸之路是2013年10月3日习主席在印度尼西亚发表演讲的时候首次提出的。之后，2013年，十八届三中全会决定也把"推进丝绸之路经济带、海上丝绸之路建设，形成全方位开放新格局"列为构建开放型经济新体制的主要内容之一。从最近开展的一系列外交活动可以看到，我国把推动"一带一路"建设作为外交上的重要内容。"一带一路"战略到底是一个什么情况？刚开始提出的时候，学术界也一直在讨论，经济带和丝绸之路的内涵和脉络是什么，两者是什么关系，等等。现在比较一致的意见可以用"一带一路"规划中的一段话来体现，这就是"借用古代丝绸之路的历史符号，以和平发展、合作共赢为时代主题，积极主动地发展与沿线国家的经济合作伙伴关系，共同

建设21世纪海上丝绸之路　构筑对外开放新格局

打造政治互信、经济融合、文化包容的利益共同体、命运共同体和责任共同体"。这也是"一带一路"战略的基本脉络。

下面是丝绸之路经济带和21世纪海上丝绸之路走向示意图（见图9）。

这张图已公开发表，中间的线段是经济带走向，下面的线段是海上丝绸之路走向，在地中海这一块，海上丝绸之路和经济带之间有过渡。这张图没有标出远期包括的北极航路。海上丝绸之路战略走向可以归纳为：一是从我国沿海港口过南海，经马六甲海峡到印度洋，延伸至欧洲；二是从我国沿海港口过南海，经印度尼西亚抵达南太平洋；远期考虑北冰洋方向。"一带一路"规划目前涉及64个国家，包括中国是65个国家。2014年11月4日中央财经领导小组第八次会议讨论了三件事，丝路基金和亚洲基础设施投资银行决策已经公布，"一带一

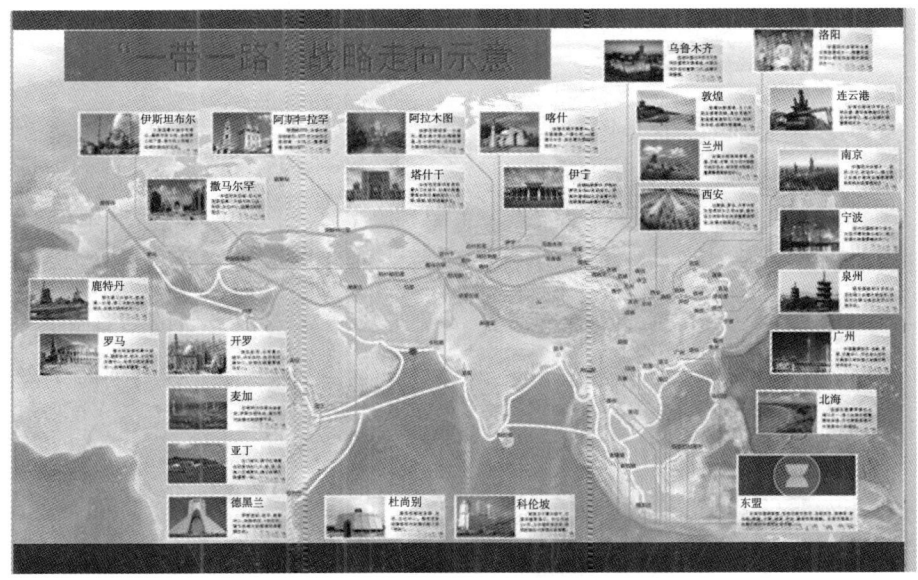

图9　"一带一路"战略走向示意

路"规划至今还没有公布,说明这是对内对外非常敏感的事情,涉及的内容也十分复杂。"一带一路"战略既是理念也是行动,要做的事情很多。

最近习主席到新西兰访问,与新西兰签订了自贸协议,这是我们国家与发达国家签订的第一个自贸协议。如果要按照海上丝绸之路战略来看,新西兰并没有包含在里面。但实际上,我们正在按"三体"的理念全方位地在做这个事情。应该说,中国现在的体量大了,习主席被比喻为人群中的大块头,这个比喻非常好,小个子要看大块头怎么走、怎么动,会不会撞到自己,会不会堵了自己的路,会不会占了自己的地盘。实际上这是周边国家都在考虑的,我们反复宣传中国坚持和平发展,决心不会动摇;中国坚持共同发展,理念不会动摇;中国坚持合作发展,政策不会动摇。就是要让世界信服,我们是这样想的也是这样做的,建设21世纪海上丝绸之路就是要告诉大家:真就要这样做了。

(二)重点内容

下面讲一下对21世纪海上丝绸之路战略重点内容的认识。构筑21世纪海上丝绸之路是一项世纪性的国际系统工程,离不开沿路国家的政治、经济、文化等多领域的合作,需要建立双边和多边的合作框架。习主席对丝绸之路经济带建设曾谈过"五通"的要求,落实到海上丝绸之路建设上也必须贯彻"五通"的要求。

第一是加强政策沟通。中国将积极与沿路各国就经济发展战略和对策进行充分交流,本着求同存异原则,协商制定推进区域合作的规划和措施,在政策和法律上为区域经济融合开绿灯。这是我们的思想。

我曾经听到一个东南亚国家的外交官对建设海上丝绸之路的理解,他举了一个例子,拿着手上的一支笔说,这支签字笔在中国是一块钱一支,到了我们国家折算为人民币是五块钱一支,建设了海上丝绸之路,这支笔会不会变成三块钱,甚至是一块钱也可以买到,人家就是这样看海上丝绸之路的。当然,我们现在的说法是你会得利的,因此,我们共同来建设海上丝绸之路。

应该说,历史上的"丝绸之路"体现的是和平贸易,这就是我们的宝贵历史遗产。一个国家靠侵占牺牲其他国家的利益,一个民族靠欺凌打压其他民族,即使能够呈现一时的强大,但永远换不回持续繁荣与和平。在当前和今后很长一个时期,国际秩序与全球治理体系将面临深度调整,而且我国从没有像今天这样接近于实现中华民族的伟大复兴。面对未来,我们必须努力推动相关各国真诚相待、务实合作,在互通有无、优势互补的过程中,共享机遇、共迎挑战,实现和平发展、共同繁荣。

从宏观上看"一带一路"战略也是在积极应对国际变化。2011年,美国搞了一个新丝绸之路规划,出台背景是解决阿富汗问题,从阿富汗、印度到巴基斯坦形成一条中亚通道,围着我国的所谓中亚通道对我们来说也是有冲击的。美国提出的亚太再平衡战略也是意在遏制中国。一些周边国家,如印度版的海上丝绸之路计划、哈萨克斯坦的新丝绸之路计划、蒙古的草原之路,实际上大家都在博弈欧亚大陆。为什么会这样?就是因为世界格局在变化,给了这种机会,每个国家都在抢这个机会。应该说,我们的"一带一路"战略也是要用好这个机会,继续加强我国与沿路国家的合作深度和广度,由域内的国家决定域内事务,制定推进符合本区域经济社会发展特点的合作规划和措施,制定维护本区域和平稳定与持续繁荣的政策和法律，焕发本区域的经济活力，促进快速发展。这个就是政策沟通要做的事情。

第二是加强陆海联通。习主席在哈萨克斯坦讲话时谈到了加强道路联通。我体会"一带一路"建设最终将实现欧亚大陆的陆海联通。陆海联通，陆上这块现在条件是相对比较成熟的。为什么？我们跟金砖五国中的俄罗斯甚至波兰都有铁路合作的协议，基础比较好。现在海上丝绸之路这一块，特别是在通关方面可能要做的工作比陆上要复杂一点。如果我们能够建立东起西太平洋沿岸、西到波罗的海、横跨欧亚大陆、通达南太平洋、跟非洲交通网络相接的陆海通道体系，将深刻改变世界经济格局。现在"一带一路"陆海交通基础设施建设任务还是非常繁重的。一方面要进一步完善我们的综合交通运输体系，尤其是要加强主要陆上口岸的联络通道建设。另一方面还要推动相关国家来配套建设一些东西，尤其是要完善欧亚大陆桥的通道。另外，还要抓紧在地处欧亚战略要冲、建港条件优良的地方建设一批港口。按照现代的水平衡量，有些国家的港口确实很差。中国港口在起步发展阶段是我们去考察别人，现在，我们的港口很多时候是在接待外面来的考察，因为中国港口很多方面已经是世界先进水平，应该说这也是一种互动。

毫无疑问，在较短的时间内完成这些重要项目要集中大量的资金。我们是构建"一带一路"的倡导国，同时我们也是负责任的大国。因此，我们已经作出了投资安排，向亚投行注资、设立丝路基金，昨天李克强总理在中东欧访问的时候，又提出在中东欧的建设上设立30亿美元的投资基金，给予100亿美元的专项贷款。就我国已经发布的用于支持"一带一路"建设的资金，加起来也不少了，亚投行第一期250

亿美元，最终将达 500 亿美元，丝路基金 400 亿美元，加上中东欧的，合计已超过 1000 亿美元，折合人民币 7000 多亿元的投入。应该说，我们有这个实力来做这个事情，为落实"一带一路"战略，中国有实力也有责任在金融上提供强有力的支撑。

当然，我们这个大手笔特别是丝路基金和亚投行设立后，舆论上有一些说法，说中国在搞"马歇尔计划"。亚投行没有出现美国、日本等 G8 国家，G20 国家中也只涉及中国、印度、印度尼西亚三国，认为中国在挑战西方主导的金融体系。比较尖锐的说法是，中国在谋求地区的主导权，要把美国赶出去。应该说我们现在的资金实力还没有这么大，世界银行和亚洲开发银行的资本金分别是 2200 亿美元、1700 亿美元，亚投行远期规划 1000 亿美元，第一期启动的时候才 500 亿美元。为什么现在大家比较担心这个事情？主要是担心我们会比世界银行、亚洲开发银行提供更有利、更宽松的贷款条件，这个贷款条件如果一出来，实际上这些比较需要资金的国家就会不理世界银行和亚洲开发银行，亚洲开发银行是日本主导的，这段时间我们在做的亚投行则是中国主导的。

中国愿意出钱出力来办"一带一路"区域的基础设施建设是一件与相关国家达成双赢共赢的大好事。新中国成立以来，我们对外援助不附加任何政治条件，现在也是很明确的，我们投的资金是公共产品，本身也不附加任何政治条件。它就跟马歇尔计划完全不一样。马歇尔计划主要是跟苏联对抗，要把欧洲绑在美国的体系下。我们中国不做这种事情。当然，我们对外出资的行为虽然不附加任何条件，但也并不是不考虑经济效益，现在我们的提法是合作共赢，我们也是考虑经济利益的。过去以意识形态观念主导下的援助，这个时代过去了，现在是强调共赢多赢，因而也是可持续发展。现在不管是国际舆论也好，还是包括国内的也好，把这个事情解读为输出我国的剩余产能，但是我想，如果这个事情放在经济层面上来看，逻辑上是站得住脚的。我有这个产能，要做这个事情，大家平等，大家合作来做，就是正常的事情。我们要充满自信地走出去，让我们强大的铁路、港口、机场建设能力造福全人类。

近年来，我国参与建设了一些国外港口。应该说随着海上丝绸之路的深入发展，我们不但要去建这些港口，还要让这些港口成为带动当地发展的孵化器，与陆地配套建设的管道、公路、铁路形成一个体系，辐射更大的区域。现在高铁，如中亚高铁、美亚高铁、欧亚高铁、泛亚高铁等都在规划，2009年提出中国高铁走出去后，原铁道部就成立了十几个工作组，一直在研究洲际铁路的问题。关于欧亚铁路他们也研究了一些走向。应该说，现在我们推动"一带一路"区域陆海联通是有很好基础的。

第三是贸易畅通。"一带一路"沿线区域覆盖了30多亿人口，市场规模和潜力独一无二，中国将通过与各方就贸易和投资便利化进行协商并作出适当安排，消除贸易壁垒，降低贸易和投资成本，提高区域经济循环速度和质量，实现互利共赢。

经济全球化下贸易流动加快，对于落后的国家来说，为保护本国利益会采取一些保护措施。发达国家在经济不好的时候，也会用贸易壁垒保护自己。这种贸易保护主义应该说只会使所有国家的经济都受害，特别是我们中国现在已成为贸易大国，希望大家能够平等做生意。当然，中国在刚开始的时候，也用了一些措施保护自己，现在我们强大，不但不惧怕开放，而且跟别人做生意的时候，希望别人也要开放

起来，这是一个过程。在经济全球化的大背景下，开放是大的趋势。应该说，到目前为止，贸易保护主义对我们伤害比较大的还是美国，我们很多产品主要是出口美国的，一些有技术含量的附加值还比较高。现在我们不怕低端产品的贸易保护，鞋帽、服装等占我们经济的比重也不大，随着产业升级贸易产品正朝着技术含量高、附加值高的方向发展，这是我们做生意的重点。当然，在"一带一路"战略里面，我们要把贸易畅通这个理念跟相关国家讲。关于美国20世纪30年代主导的损失惨重的世界贸易大战，就不展开说了，但这个历史教训是非常深刻的。

构建和维护无壁垒的国际贸易环境、顺畅的国际物流通道是实施"一带一路"战略的重要攻坚内容之一。这个跟前面所说的陆海相通还不一样，陆海相通是中国支持帮助大家建基础设施，相对容易。但是，如果我们要实现贸易的畅通，产品过去以后，有一些影响了它的劳动力就业，它就不愿意接受你的东西。所以贸易畅通这一环节对于我们是有挑战性的。我们有能力和底气做好这件事，但要说服别人一起来做，就需要一个过程。

应该说在现今的贸易规则下，打破贸易壁垒的最直接手段就是建立跨国或跨区域的自由贸易区。从现在来看，我国在建的跨国和区域性自贸区有20个，涉及32个国家和地区，比较成功的是新西兰。现在我们在谈的区域合作包括东盟、东南亚，很多都在谈。应该说这些事情需要"一带一路"沿线各国政府、企业和社会各界联合起来，达成更多共识，努力实现信息上的互通、资源上的共享、优势上的互补、利益上的共赢。

第四是加强货币流通。中国将努力与各国加强合作，在经常项下和资本项下推进本币兑换和结算，进一步降低流通成本，增强抵御金融风险能力，提高本地区经济国际竞争力。目前，世界各国开展国际贸易的习惯做法是以美元为计算单位，这是因为布雷顿森林体系使美元享有了特殊地位，这个体系建立时美元和黄金直接挂钩，这个局面的形成既有历史原因，也与美国的霸权主义行径有关，第二次世界大战后大家就这样走过来了，历史背景比较清楚就不展开了。问题是1971年，美国宣布停止履行美元兑换黄金，这个体系实际上是名存实亡了，但美国不再承担美元兑换黄金的义务后，大家为什么还是愿意使用和储备美元？这个跟美国把美元和石油挂钩的大战略有直接关系。第一次中东战争爆发后，美国调停的条件是阿拉伯国家出口石油必须用美元进行结算，当时它们也没有想到这个做法的长远意义，就用美元结算了。挂钩以后在全球就形成了一个循环，需要石油的国家到中东去买石油，中东就问你要美元，你没有美元怎么办？你就要靠出口去赚美元，挣完以后交给中东买回石油。在这个循环中，谁的美元最多？美国最多，那你就把货物出口到美国来吧，美国人就此完成纸币换实物的过程。《货币战争》那本书对这一套东西说得比较多，到现在为止大家恍然大悟，实际上美国人40年前就在做这个事情。美国在大战略上的作为和长远考虑是值得我们学习的。我认为，我们"一带一路"也是大战略，这个大战略的深远意义和作用刚才已谈到，当然还要看最后的实际效果。

"一带一路"战略以加强本币兑换作为抓手是非常精准的。特别需要关注的是我国与俄罗斯、韩国的货币合作。众所周知，我国大手笔购买俄罗斯能源，美国不怕俄罗斯卖油给中国，但非常担心中俄能源贸易要用本币结算，美国人的美元换石油体系一旦在中国和俄罗斯的带头下被打破,将从根上动摇美国经济。应该说,我们和俄罗斯开展本币结算有力推动了两国贸易。我们跟韩国也签了本币结算协议,韩国和日本贸易的本币结算量已达到40%,现在我们跟韩国只在5%左右。提高与韩国的本币结算量对于双方贸易发展和减少汇率风险有很大作用。美国对于东北亚区域合作一直有小动作,挑动日本在政治、领土等方面搞些名堂,实际上是怕东北亚结成摆脱美元的自由贸易区域。应该说,我们人民币走向国际化,现在推本币互换的方式是规避风险的好方法。如果现在直接推人民币国际化,不管是我们自己的准备还是我们在国际上的信用都还没有到这个程度。从长远看人民币会成为国际化货币,实施"一带一路"战略就是在夯实它的基础。

第五是加强民心相通。应该说,中国与许多"一带一路"沿路国家有民心相通的天然优势。例如,我们泉州与海上丝绸之路国家从古代历史上就有很多交集。国之交在于民相亲,为开展区域合作奠定坚实的民意基础和社会基础,我认为要做好几件事情。

其一是促进中华优秀文化传统的传播。中华文化讲究的是平和、中庸、不走极端,但这也需要世界上有更多的人了解中华传统文化,知道中国人的思维逻辑和怎样看待与处理问题,对中国梦就会产生全新的认识,那就是我们追求的是中国人民的福祉,也是各国人民共同的福祉,我们既要让自己过得好,也要让别人过得好,实现共同发展,这就需要加强中华文化的传播。

其二是要加强各国的民间往来。应该说民间往来是最生动和发自内心的,丝绸之路之所以有这个持久的魅力,不仅在于是一条商务贸易通道,更重要的是文化交流和民间交流。这样的通道建立了以后,就能在更大的范围、更深的程度达成互相理解。据统计,2013年来华旅游入境人数1.29亿，其中港澳台1.03亿，外国人2629万，中国公民出境游9818万。截至2014年11月，我国内地公民出境旅游首次突破1亿人次大关，出境旅游目的地已达150个国家和地区。中国人出境游是加强民间交流的一件好事，但也要注意将好事办好，前段时间我国游客出境游暴露了一些问题，有些国家和城市对中国游客有点反感，这是不利于搞好民心相通的。只有当世界各国敞开国门笑迎如洪流涌动的中国游客之时，才是民心相通生根发芽的时候。

其三是我们既要谈传统文化，也要塑造当代中国的正能量形象，使"中国愿与各国携手建设持久和平、共同繁荣的和谐世界，中国发展绝不以牺牲别国利益为代价，绝不做损人利己的事情"的理念和意志深入各国人心。这一块，也是我们现在需要做的事情。

三 回顾古代海上丝绸之路——泉州的地位和作用

泉州在古代海上丝绸之路中有很大的声望。但丝绸之路的概念是一个现代的概念。为什么是现代的概念？就是说我们的古代文献里并没有"丝绸之路"这四个字。这个丝绸之路概念是德国人李希霍芬提出的。1868年至1872年他到中国做了实地考察之后，通过归纳总结相关史实，他认为古代在欧亚大陆存在着一条贸易通道，他把这条贸易通道以"丝绸"命名，因为当时在欧洲丝绸是非常名贵的东西，而且最早是通过骆驼运去的。因此，丝绸之路是由外国人命名的研究成果。后来这个概念被德国学者胡特森引用，撰写了专著《丝路》，使丝绸之路概念在全世界得到更大范围的传播。此外，法国汉学家沙畹在其《西突厥史料》中提出"丝绸之路"可分为陆路和海路两条，这位学者

也是非常有名,曾翻译了《史记》。我国最早研究丝绸之路比较公认的是北京大学教授陈炎,在20世纪70年代的时候就开展研究,之后写出了一批文章。关于海上丝绸之路1967年日本学者三杉隆敏专门发了一篇文章,关于丝绸之路德国人和法国人研究不少,沙畹也认为有一条这样的海上贸易通道,但最早命名海上丝绸之路的是日本人。80年代的时候,陈炎把这些概念就引进来了。使陆上和海上丝绸之路为全世界所熟悉和广泛传播,应首推联合国教科文组织开展的丝绸之路项目——"丝绸之路的整体研究:对话之路",这是自1988年开始的历时10年的大型学术活动,共进行了五次考察。当时考察这个项目的是联合国考察队,其中从威尼斯到大阪的海上丝绸之路考察,泉州是主要地点之一,在对泉州古代人文和海外交通深入考察的基础上,认定泉州为海上丝绸之路无可争议的起点。

回顾这一段历史,就是要认识现在我们谈的丝绸之路是一个现代的概念。我认为从古代航海史来看,应该以海上航路为基础,我国古代对外海运主要分为东洋航路、南洋航路、西洋航路,我们现在谈海上丝绸之路更多的是指南洋航路和西洋航路。如果就功能而言,东洋航路也同样把我们的瓷器、丝绸运出去了。纵观我国外贸的海上运输历史,可以划分为:起于秦汉、兴于隋唐、盛于宋元,明初以郑和下西洋为标志达到顶峰,明中叶后因海禁而衰落,五个阶段还是比较清楚的。现在国内不少地方出于各种考虑纷纷把自己作为海上丝绸之路起点港,这是非常功利化的行为,也很容易出现牵强附会的说法。就路径而言,虽然所有港口都可以是船舶的起航点或目的地,但各个朝代都会有那个朝代的主要港口,别的地方即使有船舶靠泊,也不足以替代或撼动主要港口的地位和作用。从这个意义上来说,如果说海上丝绸之路起点港是一个很神圣很有分量的称号，只有这些港口才有资格入围。秦汉各朝代的主要港口是在变化的，所以要用现代的概念来指定海上丝绸之路起点港必须结合当时的历史背景。我们泉州被誉为宋元时期东方第一大港，是海上丝绸之路的起点港，这是有科学依据的结论，因为历史事实就是如此，但放在其他朝代，就不严谨了。研究古代海上丝绸之路必须以各个朝代的对外贸易为参照。

对于泉州港在海上丝绸之路中的地位和作用，应该说我们泉州当地以及航海史、港口史、对外贸易史、宗教史等领域的许多学者做了很深入的研究，发表了很多有见地、有分量的论文和专著，我在这方面的功底很浅，这都是我需要不断学习的内容。下面我从怎样更好地认识、解读泉州在古代海上丝绸之路中的地位和作用跟大家作一个交流。

其一，古代泉州港的比较优势。按照泉州港口的记载，泉州港口有1500多年的历史，从南朝期间，泉州港就开始与国外交往。唐朝泉州开埠，对外贸易逐步发展，成为与广州、明州、扬州齐名的四大港口。到了宋元时期，泉州被誉为东方第一大港，成为当时中国最大的港口。应该说，明清以后，泉州虽然也是有所作为，但逐渐退去了东方第一大港的光环。对古代泉州港的起伏，我认为需要回答好几个问题：第一，古代泉州港为什么会兴起并被誉为东方第一大港，其比较优势在哪里？第二，当时，在泉州港周边还有哪些别的港口，这些港口为什么都不如泉州港？第三，古代泉州港因为哪些原因，失去了东方第一大港的桂冠？第四，古代泉州港兴衰有没有历史必然性和偶然性？这样就可以更加深刻地认识泉州港的历史地位。

其二，古代泉州的对外贸易。史料记载，南宋开始，每年有大批的外国商船来泉州贸易。元朝灭了南宋以后，元朝政府采取了一系列措施，以泉州为中心组织海外贸易，因得到元朝统治者的特别重视，在这个时期泉州港达到了空前的繁荣。马可·波罗的游记把泉州称为世界最大的两港之一，并写出了"商人商货聚集之多，几难信有其事"，这是一位见多识广的旅行家对古代泉州盛况的描述。当然，我们不能光靠这一句话来论说，需要用数据说明古代泉州对外贸易在不同朝代的大体规模，当时朝廷对外贸易中泉州大体占多大份额；古代泉州对外贸易的主要货类和大体的贸易量以及重要流向；由泉州完成的对外贸易对维持当时的朝廷统治和社会生活发挥了多大作用；古代泉州主动开展了哪些对外贸易，对海外相关国家和地区产生了多大影响。这样古代泉州的作用就可以更加系统地说清楚。

其三，古代泉州港的管理。中国是古代世界上比较早设立官方机构管理港口和对外贸易的国家之一。从唐宋到明初，朝廷设立市舶司，泉州可考证的是1087年设立了市舶司，而且是在当时的泉州知府陈偁积极推动下实现的。实际上，泉州市舶司的事还可以往前推，据考证945年南朝的时候泉州设有榷利院，也是主管海外贸易的机构，相比市舶司这个年代就更久远了。现在，很多场合下，把朝廷在哪个地方设立市舶司作为体现古代港口地位和作用重要性的标志，这在逻辑上是没有错的，但是朝廷建立市舶司是要从海外贸易中抽头增加国库收入，为什么建立市舶司以后却又促进海外贸易繁荣？仔细琢磨是会有矛盾的。我们现在有句话叫作"一管就死，一放就乱"，那么我们就要研究市舶司是如何促进海外贸易的。就泉州而言，市舶司的设立晚于广州、明州，这是政治上造成的还是经济上造成的；设立市舶司前后时期的泉州港发展比较；古代泉州港管理是否有不同于其他港的地方，这种不同是否促成泉州成为古代东方第一大港口。这是换个视角认识古代泉州。

其四，古代泉州的文化影响。泉州的文化发展也是很早的，资料显示2200年以前就有人类社会活动了。随着"八姓入闽"，晋室渡江，晋江两岸加快开发，文化氛围日渐浓厚。之后，泉州海外贸易逐步扩大，本地文化与外来文化不断交融，形成了具有泉州特色的文化积淀。那么在这个情况下，我们应总结一下，古代泉州文化的核心内容是什么？古代泉州在文化上对于造就中国优秀传统文化的影响和贡献有哪些？古代泉州在文化上向海外相关国家传递了哪些内容，这些内容对于当地社会发展产生了哪些影响？泉州的文化发展与海外贸易发展的内在关系怎样？

其五，古代泉州的人文交流。宋元时期的泉州，随着对外贸易扩大和港口地位提升，形成了外侨人数多、民族成分杂、来源地广的人文环境，南宋宗室成员赵汝适1225年出版的《诸蕃志》，就是在泉州收集了50多个国家和地区侨民的口述材料集结成书，有些史料认为，元代后期这个数字差不多又翻了一倍。对于古代泉州这样的人文特点，就要回答好：古代外籍人为什么选择在泉州落脚，仅仅是为了做生意吗？古代外籍人大量侨居泉州，对泉州发展有哪些贡献和不利影响？这些外籍人的到来为古代泉州人文社会注入了哪些理念并且流传下来？古代汉蕃杂居对人文社会发展带来了哪些长远的影响？

其六，古代泉州的技术实力。应该说古代泉州不但海外贸易成就突出，在造船、制瓷、纺织、建筑等领域当时也是一流的。北宋《太平寰宇记》记载的泉州土产中就有"海舶"一项，《诸蕃志》中称之为"泉舶"，誉为"州南有海浩无穷，每岁造舟通异域"。其他诸如：德化陶瓷，

吉贝布、蓝印花布，安平桥、洛阳桥，都是反映古代泉州技术实力的上乘之作。因此需要回答好：古代泉州造船业和造船技术发展与海外贸易发展的内在联系如何？古代泉州的造船技术与同时代国内外其他地方的造船技术相比，在哪些方面是有创新和领先的？我们泉州造船技术发展对国内外造船业的影响？古代泉州有哪些先进的航海技术？据说，郑和下西洋时在泉州招了许多船员，说明我们有先进的航海技术。古代泉州人从事造船和航海的规模以及占同时代国内外的大体份额？

以上六个方面是我在看一些资料过程中想到的问题。应该说，这些问题可能在研究泉州历史众多的学者专著论文中已给出了一些回答，是需要我下功夫去学习的，有些则还缺少系统的论证。大家也看到，借用古代丝绸之路的历史符号提出"一带一路"战略后，对于古代海上丝绸之路的关注也在升温，对于泉州这样有深厚文化积淀和海外贸易历史的古代名城，如何在建设21世纪海上丝绸之路中找到新的定位，创造新的辉煌，借鉴历史经验尤为重要。

四 构建 21 世纪海上丝绸之路
——泉州的机遇和挑战

1. 泉州的地位

泉州作为东南沿海具有悠久历史并充满发展活力的港口城市，在古代海上丝绸之路的显著地位和巨大作用已有定论和共识，那么在国家大力推进21世纪海上丝绸之路的今天，泉州有怎样的发展机遇？又面临着怎样的挑战？对此，我已感受到泉州的干部群众正在进行深入思考。在准备今天的发言前，我和我的同事十月份曾到泉州做过一次调研，对近年来泉州面貌的巨大变化尤其是港口交通发展的成就有了亲身感受，也听到了市里有一些部门对泉州推进21世纪海上丝绸之路建设的真知灼见和对策措施，使我受到了很多启发。下面我以沿海地区经济和港口发展为背景来谈谈我对泉州面临机遇和挑战的看法。

泉州在沿海地区中的经济地位。我国沿海地区有51个地级以上城市拥有海岸线，包括2个直辖市、3个省会城市、5个计划单列市、41个地级市。我们泉州的排位，GDP在51个城市中位居第12位，按41个地级市位居第5位；工业增加值在51个城市中位居第10位，按41个地级市位居第3位；外贸进出口额在51个城市位居第19位，按41个地级市位居第11位。下面是GDP排位图（见图10）。

在地级市里面，GDP只有唐山、烟台、东莞超过泉州。工业增加值只有苏州和唐山超过了泉州。即使包括几个省会城市和计划单列市，我们泉州还是比较靠前的。进出口总额泉州排在第19位，珠三角和长三角的一些地级市超过了泉州。

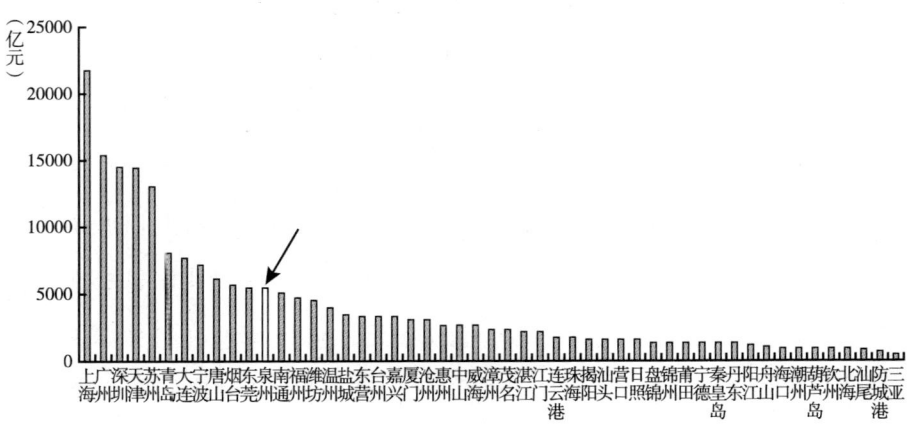

图10　2013年沿海地区51个地级以上城市GDP排位

泉州在沿海地区港口中的排位。在我国沿海地区51个城市中42个拥有规模以上港口。另外9个城市有港口但比较小，没有列为交通运输部统计的规模以上港口的范畴。42个规模以上港口，其中23个为全国沿海主要港口。在这42个港口中，货物吞吐量泉州排第19位。外贸货物吞吐量排第21位。集装箱吞吐量排在第15位，重箱吞吐量排在第12位。港口集装箱吞吐量是空箱和重箱一起统计，我们在做经济分析的时候更多的是关注重箱，因为重箱是实实在在的表征了贸易，空箱只是为运输组织所调配。我们泉州的重箱吞吐量排位要比集装箱吞吐量排前。国际航线和内支线集装箱吞吐量排第26位，国际航线是从港口直发的，内支线是我国对外贸货物运输的特殊管理方式，集装箱在内地支线港口报关后经内支线运输可在枢纽港直接上国际班轮，当然，这是受海关监管的，把这两块合在一起泉州排第26位。外贸货物在港口货物吞吐量中的比重排第29位。总体分析发现，有一项泉州做得非常突出，那就是重箱在集装箱吞吐量中的比重，泉州为60.7%，位居全国第一，排第二位的是营口港，比泉州低2个百分点。这说明泉州港在全国港口中，集装箱"重来重去"做得最成功，集装箱运输组织水平令人刮目相看。在港口吞吐量排位上，泉州货物吞吐量超过了防城港、福州、珠海、海口、温州、汕头6个沿海主要港口，但国际航线和内支线集装箱吞吐量的排位，则比较靠后。

接下来分析一下泉州经济发展、对外贸易、港口的关联程度。与沿海51个城市的平均值相比，GDP外贸依存度平均值为54%，泉州34.7%，排第26位。GDP对港口的贡献度，也就是每亿元GDP带来的港口货物吞吐量，平均值为6.2万吨，泉州2.1万吨，排第27位。工业增加值对港口的贡献度，平均值为14万吨，泉州3.7万吨，排第33

位。外贸进出口对港口的贡献度，按亿美元计算，平均值为35.6万吨，泉州8.2万吨，排在第29位。

与集装箱运输相关的分析。GDP对港口集装箱的贡献度，平均值760标箱，泉州330标箱，排第24位。工业增加值对港口集装箱的贡献度，平均值540标箱，泉州390标箱，排在第10位。外贸进出口对港口集装箱的贡献度，各地差别比较大，泉州排在第32位。从GDP和工业增加值的贡献度指标来看，泉州的集装箱运输发展得比较好，工业对集装箱的依赖度比较高。

通过以上数据分析和比较，泉州的国民经济、对外贸易和港口运行归纳为几个特征。

一是泉州的GDP、工业增加值、进出口额在沿海地区51个城市中整体靠前，在41个地级市中，GDP、工业增加值处于第一团队，进出口额处于第二团队，说明泉州具有较强的经济实力和工业能力，对外贸易活跃。

二是泉州港已经跨入了亿吨大港行列，进出港口的集装箱重箱比重较高，但是外贸货物和外贸集装箱运输明显偏弱，说明泉州港已形成较大规模，但在沿海地区42个规模以上港口中仍处于中游位置，并且以服务国内为主。

三是泉州国民经济对外依存度不是太高，经济运行和工业生产对港口的贡献度也不是太高，说明泉州经济结构是"轻型化"的结构，避免了两头在外的重化工业对城市的负面影响。我到泉州后感觉空气特别好，也反映出泉州的工业结构是轻型化的，而且从这条也反映出泉州经济运行的劳动附加值较高。

四是泉州工业运行对集装箱运输有较高的需求，说明泉州的制成品经济价值较高,适箱货比较多,但是外贸进出口对泉州港外贸箱的贡献度低,说明泉州的外贸集装箱没有在泉州港口岸办理进出口。

建设21世纪海上丝绸之路是我国构建开放型经济新体制、形成全方位开放新格局的重大战略措施之一。对于沿海各地,大家都在抢抓这个机遇,寻求新的增长点和发展机会,以带动和促进本地发展。因此可以看到,自海上丝绸之路战略提出后,沿海各地的领导纷纷表态支持并推出了一些计划方案,各地民间也在热议。

2. 机遇

分析海上丝绸之路战略能对沿海各地带来怎样的发展机遇,首先要把握住海上丝绸之路战略主要着力于我国在海外的谋篇布局这一前提,而且要放在我国经济实力和产业能力已经达到较高的水平、沿海已经基本建成规模庞大、服务能力较强的港口体系的背景下考虑问题。对于地方而言,海上丝绸之路战略带来的发展机遇主要体现在几个方面。

一是以互联互通为目标的交通系统完善和物流环境建设。对内可以结合所在城市和区域的发展需要,有针对性地开展一些港口能力建设。从全国来看,现在有一种观点是港口能力富余,特别是沿海港口能力富余,若再建码头的话可能没有这么多货要运。普遍来看,港口集装箱系统都或多或少存在一些问题。我认为互联互通的目标,对内重点应放在本地港口的集疏运系统完善,做到顺畅对接国家铁路网和高速公路网。对外则是重点提升口岸通关便捷程度、提高外贸物流服务水平,强化以港口为依托的物流枢纽节点作用。

二是以海上丝绸之路沿路国家为对象的对外贸易结构调整。一方面,根据海上丝绸之路沿路国家市场需求和贸易特点,结合本地产业能力开发新产品、开辟新领域、拓展新市场。另一方面,则是根据丝路基金以及亚投行等由我们国家主导的"一带一路"建设重点和节奏，通过争取参与相关项目，获得资金回流，带动本地产业经济发展。最近商务部在机构建设方面也作了加强，在有欧洲司、亚洲司的情况下，新设立了欧亚司，其主要职责就是推动"一带一路"沿路国家经贸合作发展，可以重点关注这个司的工作动态。

三是以加强资本流动和民心相通为导向的对外合作升级。以往地方都注重招商引资，海上丝绸之路战略注重的是"走出去"，对外经济合作从经贸层面向资本层面拓展，为地方提供了在资本流动中创造更大效益的机会。民心相通重在文化交流，各地都深谙"文化搭台，经济唱戏"，就海上丝绸之路战略而言，地方有机会在"走出去"过程中按"经济搭台，文化唱戏"的思路，来提升我们的文化软实力。

3. 挑战

对于泉州面临的挑战，我从调研中听到的情况和自己的思考，归纳为几个方面，仅供参考。

其一，城市功能定位与总体规划。改革开放以来，泉州工业和对外贸易迅速发展，民营经济繁荣，港口、交通等基础设施建设成就显著，城市整体实力得到较大提升，但在沿海地区尚处于中游偏上位置。从横向比较来看，泉州在城市软硬件配套建设以及公共服务方面与先进的城市相比有一定的差距，并存在县域品牌、企业品牌高于城市品牌的现象，历史文化、人居环境与经济发展的相互映衬效应不够明显，在认知上容易将泉州视为一个生产制造型城市而不是综合发达型城市。从总体上来看，泉州还需要进一步完善具有前瞻性、全局性的城市功能定位和发展战略规划，结合推进21世纪海上丝绸之路建设，更好地整合我们泉州的各种特色资源，提升泉州的竞争力和综合影响力。

其二，与沿海主要城市的竞合关系。从前面的沿海地区分析中可以看到，无论是古代宋元时期就与泉州齐名的广州、明州（宁波），还是之后兴起的上海、天津、青岛、深圳，其经济规模、港口发展乃至城市影响力均排在泉州之前，在很多方面已占得先机。即使在福建省内，福州、厦门虽然在一些经济指标上不如泉州，但政治地位却高出一截。泉州要重塑古代海上海绸之路的辉煌，在建设21世纪海上丝绸之路中有所作为，脱颖而出，如何处理好与这些城市的竞合关系和实现错位发展，走出一条既符合国家长远发展战略，又体现自身特色和比较优势的发展之路，是非常具有挑战性的一项系统工程。

其三，综合交通体系建设。从综合运输网络来看，泉州与周边省市交通运输网络连接略显薄弱，港口铁路与国家铁路网、地方机场与全国航线的衔接也要加强。从港口和集疏运体系来看，泉州港基础设施建设还不完善，具体表现为现有港区布局相对分散、规模化现代化程度不高、综合服务水平有待提升，泉州部分港区疏港公路还未全面打通"最后一公里"。泉州湾深水航道有待拓宽，在拓展港口陆向与海向腹地、推进海铁联运和水水联运、提升临港产业发展水平等方面的任务还比较繁重。

其四，完善营商与通关环境。这是不断提升的过程，目前泉州口岸已实行海关与检验检疫"一次申报、一次查验、一次放行"的通关模式，通过简化手续促进生产要素更加便捷流通。但还需完善口岸信息化建设，推进港航业务、港口物流、港口监管等信息系统的开发应用，加快与海事、边检等口岸部门的信息互联互通，推进"全覆盖"监管模式在更大范围的应用。改革开放初期泉州是走在前面的，在新一轮的改革中，怎样继续走在全国前列对于泉州是非常具有挑战性的。

其五，人才队伍建设。改革开放初期，在当时的时代背景下，泉州涌现了一批开拓创新、敢想敢干的改革者、创业者，带领和推动泉州迅速发展，延续至今，泉州精英人才团队总体呈现地域性、家族式特征。如何在此基础上进一步提高重要岗位干部素质、企业家战略眼光、各类人才专业技能，吸引各地优秀人才，以适应全面深化改革和21世纪海上丝绸之路走出去战略的要求，既具有挑战性也非常紧迫。

最后谈一下如何提高泉州城市的知名度。泉州在提高城市知名度方面做了大量工作，到了泉州以后，听到了中国鞋都、中国瓷都、历史文化名城、东亚文化之都等很多称号，但从目前的发展情况来看，泉州的城市名片存在内涵不清晰、内容不集中、宣传不到位的问题。如何通过一个词或一句话，使一个不了解或不熟悉泉州的人就能记住泉州，而且成为传遍天下的颂词，使泉州的城市知名度达到一个全新的高度，这是一件既有挑战性也需要大量付出和坚持做下去的长期工程。

五 打造21世纪海上丝绸之路——泉州大有可为

中央提出"一带一路"战略后，泉州市委市政府高度重视，迅速部署开展相关工作，研究泉州市推进海上丝绸之路建设的思路和措施，并制定了《泉州市21世纪海上丝绸之路先行区建设总体方案》，在总体方案中明确了泉州融入海上丝绸之路战略的整体安排，确定了"四位一体"的推进体系。从我读到的材料可以看出，这是一个非常有眼光、接地气、内容实的方案，也可以感受到泉州正在方方面面大力推进先行区的建设。

打造21世纪海上丝绸之路，泉州大有可为，下面我从走出去的视角，对我们泉州的发展提出几个建议。

第一个建议：政企携手，在海上丝绸之路沿路国家中选择合适地点，开辟以泉州为主导的自由贸易区。"走出去"战略最早是在1997年12月全国经济工作会议上提出，之后把"走出去"置于国家发展战略的重要位置。中国"走出去"的步伐加快以后就发现存在一个硬环境问题，由于很难在发达国家立足，我们主要面向的是发展中国家，但中国企业在外面发展也需要良好的外部环境，这样企业才可以进去，如果中国企业走出去投资的地方，物流、交通等基础条件都不具备，走出去就很难成功，而要改善硬环境却是单个企业无法完成的。现在中央把"一带一路"对外投资的发力点放在互联互通基础设施建设上，这就为中国企业走出去创造了基本条件。建起这些硬件设施，再加上推动自由贸易区建设，减少贸易壁垒，降低贸易成本，国家为走出去创造了这么好的条件，中国企业不去用不但可惜了，而且也错失了国家提供的发展机会。泉州的民营经济比较发达，但总体上，缺少像央企这样的大型国有企业，或者像三一、华为这样的民营巨型企业。泉州怎么办？我认为可以采取政府引导、企业跟进、产业链复制的模式，在海外建立一个"小泉州"，放大泉州的经济规模和效益。这件事不可能一蹴而就，需要早谋划、早动手，与国家有关部门达成共识，与相关国家建立联系。这样的话，以产业链的方式出去，像我们的鞋帽、服装，开辟泉州经济发展的新天地。

第二个建议：引导和支持泉州相关企业积极跟进海上丝绸之路建设项目。上面说了，推动"一带一路"建设我们的投资将近1000亿美元，这笔巨资将为沿路国家铁路、港口、道路等基础设施建设提供有力支持，并促成一批大型建设项目。泉州虽然没有中铁建、中交建这样可以在海外总包大型工程项目的企业,但泉州众多产业中有很大一部分是为基本建设提供配套产品的,并具有很强的实力和很好的声誉。由于海上丝绸之路建设项目筹组形式和实施过程与国内项目有较大不同,需要抓紧与有关部门和企业探索合作模式,为泉州产品在海上丝绸之路建设项目中的大范围应用奠定基础,并由此带动泉州经济再上新台阶。

第三个建议:积极推进泉州银行开展海外业务和本币结算,争取成为境外人民币业务清算行。加强货币流通是"一带一路"战略的重要内容之一,我国力推双边本币结算的意义已在前面谈到。从现在来看,跨境贸易人民币结算业务量已很大了,2013年将近4.6万亿元,2014年一季度同比增长了64%。这个步伐非常快,说明市场客观需求决定了我们要加快在海外设立人民币清算行的步伐。泉州是国内地级市中建立地方银行比较早的城市,有较大的海外引资和一定的对外投资规模,而且在海外还有900万左右的侨民,因此,我认为泉州在这方面大有可为。顺应中国经济融入全球化以及人民币走向国际化的大势,把泉州银行的海外业务做大,采取与国字号大银行差别化竞争的路径,选择一些泉州侨民海外分布较为集中的城市以及引资投资规模较大的城市,开办外币清算、跨境人民币结算、资产管理及贵金属、私人银行等重点业务,打造一批海外业务中心,为降低侨汇和泉州海外投融资项目支付风险提供更具亲情、更加周到的服务,以此进一步提高泉州在21世纪海上丝绸之路建设中的影响力和吸引力。

各位领导,以上是我对建设海上丝绸之路、构建对外开放新格局、促进泉州经济和对外贸易再上新台阶的学习体会和思考,有不当之处和错误的地方,敬请批评指正。也非常愿意就大家感兴趣的问题,和大家一起讨论。作为一名已经对泉州有所了解和实地感受的交通研究者,泉州人热情好客、开朗大方、真诚坦率、做事踏实、"爱拼才会赢"的精神给我留下了深刻印象。我相信,在泉州市委市政府的领导下,泉州一定会在建设21世纪海上丝绸之路的征程中再创辉煌!

谢谢大家!

"华大讲堂"五周年座谈会发言实录

2014年8月22日

张禹东

主持人、华侨大学副校长

各位来宾、各位朋友,大家下午好!

由中共泉州市委、泉州市人民政府和华侨大学联袂打造的公益性高端

学术文化讲坛"华大讲堂",从 2009 年 3 月启动以来,已经连续运作五年多,得到社会各界的高度赞赏和评价,其品牌效应日益凸现。

经过一段时间的筹备,今天我们在国务院侨办举办"华大讲堂"五周年座谈会。新老朋友共聚一堂,共同总结"华大讲堂"五年来的运作经验,共商进一步办好华大讲堂,提升品牌影响力,提高学术感召力和城市影响力的新思路、新举措,共同探讨进一步发挥"华大讲堂"在华侨大学和泉州市、侨校、侨乡合作共赢、携手共进的作用机制。

首先请允许我介绍出席今天座谈会的领导和嘉宾,他们是国务院侨务办公室任启亮副主任,国务院侨务办公室何亚非副主任,中共中央候补委员、中国社会科学院学部委员李培林副院长,十二届全国人大常委、中国社会科学院学部委员蔡昉副院长,中国科学院何祚庥院士,中共中央党校副教育长、科学社会主义教研部主任王怀超,中国社会科学院学部委员、文化研究中心主任李景源,社会科学文献出版社社长谢寿光,中国社会科学院经济研究所所长裴长洪,国家行政学院应急管理培训中心主任、中欧应急管理学院院长龚维斌,中国社会科学院城市发展与环境研究所魏后凯副所长,国务院侨办政法司司长董传杰、文化司司长雷振刚、人事司司长刘继坤、机关服务中心主任张永文、离退办主任岳骁昆,中国海外交流协会办公室主任朱慧玲,中国华文教育基金会秘书长左志强,中国新闻社总编辑章新新,国务院侨务办公室秘书行政司副司长张蔚、国内司副司长王萍、国外司副司长卢海田、宣传司副司长李国红、监察局副局长张兵义,中国侨商会秘书长于晓,社会科学文献出版社社会政法分社社长王绯。

出席座谈会的还有来自主办方的领导和嘉宾,华侨大学校长贾益民,中共泉州市委常委、宣传部长、教育工委书记陈庆宗,国务院参

"华大讲堂"五周年座谈会发言实录

事室特约研究员、华侨大学原校长丘进,华侨大学副校长徐西鹏。

此外,还有应邀到会采访报道的来自新华社、《人民日报(海外版)》、中央电视台、中国国际广播电台、中央人民广播电台、中新社、凤凰卫视、人民网、《文汇报》、新华网、《人民政协报》、《光明日报》、《泉州晚报》、泉州电视台等新闻媒体的朋友们,让我们再次以掌声对诸位的光临表示欢迎和感谢!

可能很多人会问,一个讲堂在北京举办五周年座谈会,有什么特别的意义?实际上各位也知道,在国内有很多地方、城市、大学都有各类的讲堂。我这里简单介绍一下,这个讲堂由著名的侨乡泉州市和著名的华侨高等学府华侨大学,携手合作,共同创办。它的宗旨在于广纳海内外博学鸿儒,围绕经济社会发展的热点难点问题作专题报告,传播当今世界政治、经济、文化、社会发展的新思想、新观念,架起一座名家大师与领导干部、工商界人士、高校师生沟通交流的思想桥梁,以开启智识、开阔视野、启迪思维,更好地为促进发展提供精神动力、智力支持。

五年多来,"华大讲堂"一共举办了45场高水平的报告会,44名来自中央党校、中国科学院、中国工程院、中国社会科学院、国家行政学院、清华大学、北京大学、香港科技大学、博鳌亚洲论坛、海峡两岸关系协会、香港政策研究所等知名的高校、智库,还有国家发展和改革委员会、中国人民银行、国务院侨办、国务院台办、中央编译局、国务院研究室等诸多的政府部委官员担任主讲嘉宾。

这些专家学者有两院院士,有学部委员,其中还有多位曾经为中央政治局集体学习作过辅导报告,也是党和政府工作报告、重要文件的起草人,也有来自境外的专家学者。他们的演讲内容涉及政治、经济、社会发展的热点、焦点、难点问题，有宽阔的国际视野，有鲜明的时代特色；有深入浅出的理论阐述，又有深入翔实的调研数据；内容充实，分析精辟，而且直面当今中国社会发展的前沿和实践，对理论思考和实际工作都有很强的指导性和启发性。我们"华大讲堂"有个网站，我们看到了留言，还有人给我们发了私信，说他在华大读书期间听到了最好的讲座。

作为大学与城市共建的学术文化讲座平台，主办双方致力于维护华大讲堂高端性与公益性、思想性与开放性的统一，每场报告会设置互动环节，通过网络、视频、微博进行直播，泉州市和华侨大学都建立了"华大讲堂"专题网站，而且每次也通过新浪微博@华大讲堂账号进行直播。"华大讲堂"的系列丛书已经出版五辑，深受听众读者的喜爱，它已经成为泉州市的领导干部、华侨大学的师生日程安排中的重要内容。我们一般在开学的时间段，每个月一讲，有时候因为嘉宾时间没有确定，快到月底了有的干部和老师学生会问：这个月怎么还没有？它已经成为日常安排非常重要、有影响的内容。福建省的一些单位、泉州市的一些区县、泉州市的高校、驻泉部队、泉州的领导干部、市委党校各级各类培训人员、在华大参加培训的党政干部，都前来参加华大讲堂的报告会，大家都很期待每月一讲的华大讲堂。

这种大学与政府合作、侨乡侨校共建的模式得到了国侨办、福建省委、著名学术机构、专家学者以及当地社会、学校师生、各界人士的赞誉和高度评价。在福建省以及在国内学术文化界已经有较高的知名度，国侨办与泉州市在签订第四轮共建华侨大学协议的时候，也将"华大讲堂"列入共建的重要项目。福建省委宣传部也认为"华大讲堂"已经成为福建省重要的理论品牌，并将华侨大学确定为福建省"首批省级进基层的示范点"。一些地方政府、知名网站都与"华大讲堂"的主办方主动探讨、交流合作事宜，许多国内外的专家表达了对"华大讲堂"的关注和参与意向，中央省市各类媒体都进行了关注和跟踪报道。应该说创办五年多来它的品牌效应正在逐步彰显。

"华大讲堂"可以说是泉州市和华侨大学合作共赢的典范，是泉州市和华侨大学精诚合作的成果，成为大学和城市紧密联系的纽带、密切互动的平台，推动了校地关系良性发展，扩大了合作领域。"华大讲堂"也提高了两个单位党委中心组学习的层次和水平（因为我们的讲堂被泉州市委作为中心组学习平台，华侨大学党委也将其作为中心组学习平台），对于涵养干部师生的理论素质，提升城市的品位、大学的学术感召力都有积极的影响，也扩大了泉州市和华侨大学在海内外的社会资源和影响力。

除此以外，讲堂还产生了一系列的效应。每次"华大讲堂"开讲泉州市都很重视。每次市里四套班子的领导干部都到华侨大学，包括部分企业负责人。我在华大工作30多年，包括更长时间的老同志都说基本上没有看到泉州市这么多干部到大学校园。由此还产生了一些深度的学术合作和交流，包括跟中国社会科学院的一些项目合作，我们跟很多所（哲学所、宗教所、亚太所、数经所、美国所等等）的进一步项目合作，研讨会的举办，还有双方的战略合作，这也是"华大讲堂"产生的效果。而且也进一步扩大了泉州和华侨大学的影响，有很多专家学者都是第一次到泉州，第一次到华侨大学，就是因为讲堂才来到这里。

陈庆宗

中共泉州市委常委、宣传部部长、教育工委书记

尊敬的各位专家学者,各位领导、嘉宾,朋友们,大家下午好!

很荣幸今天能够与各位相聚在首都北京,共同参加"华大讲堂"五周年座谈会。我受泉州市委黄少萍书记、市政府市长郑新聪委托,谨代表中共泉州市委市政府,向莅临座谈会的各位领导嘉宾表示诚挚的问候,向五年来支持创办、举办"华大讲堂"的所有人员,向支持此次座谈会召开的国务院侨办、中国社会科学院、社会科学文献出版社等单位的领导和新闻界的朋友们表示衷心的感谢。

众所周知,城市孕育大学,大学滋养城市。城市和大学两者相辅相成、相得益彰,是一种同呼吸、共命运的血脉关系。作为东南沿海最早开放的港口城市,自古及今,泉州山川毓秀、人文鼎盛,是古代海上丝绸之路的起点,闽南文化的主要发祥地,国务院首批公布的24座历史文化名城之一,中国首个"东亚文化之都",素有"海滨邹鲁""鸿儒聚舫"的美誉,具有崇文重教的优良传统。

作为全国著名侨乡,泉州还是我国仅有的两所华侨高等学府之一——华侨大学的所在地。长期以来,华侨大学立足泉州,秉承"会通中外,并育德才"的办学理念,在取得良好办学成果的同时也为泉州地方经济社会发展作出了积极贡献,产生了良好的经济社会效应。

一直以来,泉州市委市政府高度重视和支持华侨大学的建设、发展,高度重视发挥华侨大学的人才科研优势,进一步密切校地合作、

拓展领导干部学习视野、服务党委政府中心工作,更好地为泉州经济社会发展提供精神动力和智力支持。

2009年3月,泉州市委市政府与华侨大学校地联手,联合创办"华大讲堂"高端平台,将其作为党委学习中心组的重要内容和载体,作为引智借智的学术桥梁和纽带。创办五年来,在各方的共同关心、努力下,"华大讲堂"已逐步成为一个卓有影响的校地合作、学术探讨、理论普及的阵地品牌,成为一个集思想性、文化性、公益性、开放性于一体的高端讲座平台。

自2009年起至今,共举办了45场高水平的专题报告会。讲堂所邀请到的领导、专家、学者,在各自领域中都颇有建树与影响,其中既有我国著名智库、高校学者,又有国家部委官员;既有人文社科知名专家,又有两院资深院士;既有中央政治局集体学习主讲,又有党和国家重要文件起草人。大家围绕当前国际国内形势和经济社会发展的重点、热点、难点、焦点问题,理论联系实际,进行深度解读和生动讲解,为听众提供了有益借鉴,带来了丰富启迪。

讲堂的举办,切实发挥了人才高地、人才智库的作用,赢得了社会各界的广泛赞誉和高度评价。新华社、中新社、央视网、新浪网、《福建日报》、福建电视台、《泉州晚报》、泉州广播电视台等重点媒体都对"华大讲堂"进行了报道,讲堂的品牌影响力和辐射力不断凸显。

与此同时,我们也欣喜地看到,这五年也是泉州经济社会各项事业发展较快、综合竞争实力稳步提升的五年,这其中就有大家的一份付出和贡献。在座的领导和嘉宾,长期关注福建、关注泉州的改革发展,有的是泉州市的高级顾问,有的是华侨大学的名誉教授、兼职教授。借此机会,我们要再次衷心感谢五年来做客"华大讲堂"的各位主讲嘉宾，感谢你们用渊博的才学和睿智的讲演，为我们带来一场又一场的思想盛宴和头脑风暴。

当前，泉州上下正深入学习贯彻党的十八大、十八届三中全会和习近平总书记系列重要讲话精神，主动对接国家"一带一路"和文化"走出去"战略，全面深化改革，致力于建设发展"东亚文化之都"和"21世纪海上丝绸之路先行区"，打造"泉州经济升级版、改革创新示范区、生态宜居幸福城"。新的形势带来新的机遇，在新的历史条件下推动泉州经济社会文化等各项事业协调持续发展，最根本、最关键的就是依靠教育、依靠人才、依靠创新。

从这个层面上讲，"华大讲堂"是一个学用结合点，也是一个发展辐射端，是一个开启智慧、启迪思维、拓宽视野、创新发展的重要平台，也是校地双方密切合作的必然延续和拓展深化。面向未来，泉州市委市政府将始终如一、尽心竭力地支持华侨大学，为华侨大学事业的蓬勃发展创造更好的环境和条件，协力推动华侨大学的建设发展再上一个新台阶。

我们衷心希望，作为泉州高校的龙头学府——华侨大学能一如既往地支持泉州各项工作的开展，加强校地在技术成果转化、科技创新、科技平台建设、社科人文研究等方面的战略合作，从更深层次助力推动泉州地方和企业的转型发展，为泉州现代化建设提供更强有力的智力支持和人才支撑。

我们也真诚地希望，在座的各位领导、专家学者、嘉宾朋友能继续关心和支持泉州各项事业发展，有空多到泉州走走看看、调研指导，在体验泉州热情淳厚的风土人情的同时，多为泉州的改革发展提出宝贵的意见和建议。

我们相信,在社会各界的共同关心和支持下,在主办双方的共同努力下,"华大讲堂"一定能够办得更好,办出特色、办出水平,成为泉州乃至在福建省和国内外享有盛誉的学术品牌和文化名片。

最后,祝各位领寻、专家学者、嘉宾朋友工作顺利、万事如意,谢谢大家!

贾益民

华侨大学校长

尊敬的各位专家、各位学者、各位领导、各位嘉宾、各位朋友,大家下午好!

今天我们在这里隆重集会,共同回顾"华大讲堂"五年的历程,着眼于传承、改革、创新,谋划"华大讲堂"在未来更好的发展。首先我代表华侨大学对出席座谈会的各位专家学者、各位领导、各位嘉宾表示热烈的欢迎,对莅临本次座谈会的国务院侨办、中国社会科学院、社会科学文献出版社等单位和新闻媒体的朋友们表示衷心的感谢,向长期以来关心支持"华大讲堂"建设的社会各界人士致以诚挚的问候。

"华大讲堂"作为泉州市与华侨大学合作共建的高端平台,是大学与城市、高校与地方、侨校与侨乡合作共赢的典型案例和成功模式,已经在社会各界广为传播、广受赞誉。

随着现代社会的发展,社会服务作为现代大学公认的基本功能之一,其重要性越来越凸显、功能也越来越突出。从古希腊诡辩学派的学府,到美国的《莫里尔法案》和赠地运动,走出象牙塔,走向社会,大学与社会的融合经历了一个漫长的过程,直到今天还在不断发展。

诞生于救亡图存年代的我国大学,天然地将服务国家、造福社会作为其重要功能,特别是改革开放以来,我国高等教育飞速发展,大学无论从规模还是从质量上都有极大的提升,在服务社会、引领社会方面作出了卓有成效的贡献。

作为全国唯一一所以"华侨"命名的综合性大学,华侨大学从1960年诞生之初,就注定将与泉州这座历史文化名城结缘至深,也注定将与泉州社会不断开展交流与合作。华侨大学建校以来的发展也得益于泉州市人民的关怀和支持。54年来,华侨大学立足于侨乡,融入侨乡,服务侨乡,主动对接经济社会发展的实际需求和战略规划,与泉州许多行业、领域都开展了深入的合作,不仅促进了学校的教学、科研与人才培养,而且产生了巨大的经济和社会效应,也赢得了侨乡社会的赞美。

"华大讲堂"是泉州市和华侨大学在推进经济社会发展、引领社会文化潮流的过程中,为充分发挥大学的文化和教育功能而携手打造的高端学术文化讲坛。五年多来,双方把"华大讲堂"作为一个非常重要的项目,坚持以高起点、高标准来要求和开展"华大讲堂"的各项工作,校地领导经常沟通、指定部门对接合作,给予充分的人力、财力、物力保障,确保了"华大讲堂"顺利、持续、成功的运作。"华大讲堂"是泉州市和华侨大学精诚合作的成果,进一步提升了泉州市的城市品位和在海内外的知名度,提升了华侨大学的学术感召力和校园文化建设水平,成为双方密切合作与联系的纽带,有力地推动了经济社会发展。

华侨大学是国家重点建设的大学,是国家侨务工作的重要阵地,侨校特色是华侨大学的生命线和立足之本,为国家侨务工作服务,为国家经济社会发展和海峡西岸经济区建设服务,是华侨大学的价值旨

归。华侨大学还是侨办与福建省泉州市、厦门市政府共建的高校，拥有丰富的发展资源，也承担着更多的服务职责。

同时，随着经济社会的发展，华侨大学为更好地服务于经济社会发展、服务于国家战略，先后成立了海上丝绸之路研究院、华侨华人研究院、国际关系研究院、华文教育研究院、泉州科学技术与社会发展研究院、工业设计研究院、城市建设与经济发展研究院等，着力培养和打造高水平的人才，全面开展侨务战略、国家外交战略、重大科技战略、面向行业产业及区域发展的战略等系列研究，打造特色型、国家型的智库。

目前，华侨大学正坚定不移地走内涵式发展之路、特色兴校之路、人才强校之路，全面提升人才培养质量和整体办学水平，致力于建设基础雄厚、特色鲜明、海内外著名的高水平大学。华侨大学设立在泉州，发展在泉州，成为泉州的智力库、人才库、文化品牌和学术高地，华侨大学责无旁贷，我们将继续努力发挥、发展学校的优势和功能，提高办学水平和人才培养水平，全力为泉州经济社会发展作出更大的新的贡献。

面对新形势、新机遇，面对新的任务、新的挑战，我们将加强合作，进一步完善运行机制，创新工作方法，拓宽工作渠道，围绕国家和地方的战略需求，继续邀请学界、政界、文化界的著名专家学者莅临"华大讲堂"作专题报告，拓展引领社会文化、提供决策参谋、提高涵养与素养的深度和广度。

我们衷心期待各位专家学者、各位领导、各位朋友一如既往地关注和支持"华大讲堂"，帮助我们不断提升"华大讲堂"的层次和水平，使之成为在国内具有影响、富有魅力、享有美誉的高端学术文化交流和前沿思想传播的平台。

我们诚挚邀请各位继续关心和支持华侨大学的办学，经常到华侨大学来讲学指导，帮助华侨大学建设成为文化传承和知识创新高地、国家侨务工作智库以及提供社会服务、解决重大问题和现实问题的重要阵地。

最后，祝华大讲堂越办越好、精彩不断！祝各位专家学者、各位领导、各位来宾和朋友身体健康，工作顺利，万事如意，谢谢大家！

谢寿光
社会科学文献出版社社长

各位领导、各位专家、新闻界的朋友们，大家下午好！

非常感谢"华大讲堂"五周年座谈会的主办方邀请我以一个特殊的身份出席，并且给我一个发言的机会。社会科学文献出版社在配合"华大讲堂"的过程中，我们作为长期的合作方，密切和泉州市委市政府、和华侨大学的合作，从第一讲开始，我们就一直在关注着讲堂的演进和发展，每一年度演讲的报告，最后的出版工作都是由我们来完成的。应该说，"华大讲堂"已经成为国内最有名的讲堂之一，从出版社的角度可以得到一个印证，因为最近几年来编辑出版过深圳市民文化大讲堂、珠海大讲堂等六七个讲堂的演讲集，层次最高、水平最高、质量最高的应当就是《华大讲堂》了。为什么我这么说？因为其他的讲堂有各个层次的需求，有的是面对市民，需求就很不一样。而"华大讲堂"我可以说它是精英讲堂，它的演讲者都是我们各个智库里

面最顶尖的,提供的观点对当下中国经济社会的发展,也包括为改革开放的前沿——泉州市的发展和著名的华侨高校的发展,非常具有时代感和现实的针对性。

另外,这个讲堂的演讲嘉宾有相当一部分是中国社会科学院的领导,也是我们社会科学文献出版社长期的合作者,有的是我们出版社专家委员会的委员。我觉得从中让这个品牌和社会科学文献出版社发生关联,我作为出版人感到由衷的高兴和自豪。也非常感谢所有的演讲嘉宾以及讲堂主办方长期以来对社会科学文献出版社的关心、支持。

我们也希望和泉州市委市政府、华侨大学继续合作,不仅仅是把华大讲堂作为知名的文化品牌、智库品牌,继续办好,持续地办下去,也希望和主办方以及我们所有的演讲嘉宾有更加密切的合作,特别是国侨办的长期支持,把更多有价值的成果推向社会,服务我们这个时代。谢谢大家!

任启亮

国务院侨务办公室副主任

尊敬的各位专家学者、各位嘉宾、各位朋友,我和亚非同志受裘援平主任的委托,来出席今天下午的"华大讲堂"五周年座谈会,我也感到非常高兴。尤其是我们两个人的双重身份,一个是代表国务院侨办,一个是"华大讲堂"的主讲嘉宾。首先我对"华大讲堂"举办五年来所取得

的成果表示祝贺,也对我们在座的和不在座的各位专家为我们"华大讲堂"所付出的劳动和所做的工作表示衷心的感谢。

"华大讲堂"举办五年来,在泉州市委市政府和华侨大学的共同努力下,在各位专家学者和社会各界的支持下,能够办成一个具有影响力、具有很大知名度和美誉度的品牌活动,我觉得非常高兴,非常值得祝贺。据我了解,讲堂的内容,刚才说了有44位专家45讲,内容涉及政治、经济、法律、科技、文化、外交等方方面面,应该说是一种高端的讲堂,是一场场思想的盛宴,所以我觉得"华大讲堂"取得的成果是巨大的,它的作用也是不可估量的。

这个讲堂已经成为一个品牌、名片,我也希望我们这个活动能够继续办下去,而且能够越办越好。要使这个活动办得更好,我想提出这几个方面的想法。

第一,要更加切合我们国家经济社会发展的实际,需要更加切合当地,包括泉州市、福建省和华侨大学的建设。我们一个讲堂要使它有生命力,使它有发展潜力,使它有更大的作用,必须要和我们国家的大政方针、与当地社会发展的现实需求紧密结合,只有这样,它才能有更强的生命力。

第二,应该保持、发扬它的高端品位。刚才我们张禹东副校长已经作了介绍,之所以这个讲堂能够成为一个名片、一个品牌,就是因为它坚持了高端性,我觉得这一点也是我们这个讲堂能够继续发展下去的重要方面,希望继续坚持。

第三,我希望我们能够围绕侨务工作的大局,围绕华侨大学的发展,同时也围绕当地经济发展大局,能够作好结合。只有和当地社会的实践结合,和我们华侨大学教学科研更好地结合,才能够使它的生

命力更强。

最后,我借这个机会希望在座的各位能够更加关心、关注华侨大学,使这所华侨学府能够办得更好,谢谢!

李培林

"华大讲堂"第34讲主讲嘉宾、中国社会科学院副院长

国内高校、地方都有不少的讲座,"华大讲堂"要坚持办下来,而且要保持其高端性,应该说是比较难,但是,他们五年当中坚持得非常好。我看了名单,应该说主讲嘉宾确实都是在国内学术界比较有影响的,有院士,有知名专家。而且,我们社科院很多所的学部委员、所长也都参与,可以说是比较罕见。所以,五年的过程中能够成就这样一个品牌,确实不容易。

而且,华侨在我们国家是一个非常特殊的群体,这在世界各国都是非常罕见的。特别是改革开放以来,广大华侨对我们国家的经济社会发展和对外开放作出了重大贡献。现在,国家提出要打造"丝绸之路经济带"和"21世纪海上丝绸之路",是互利共赢的开放战略。

泉州是我们历史上古代海上丝绸之路的一个起点,华侨大学与泉州市合作举办的"华大讲堂",讲堂的听众不只是华侨大学的老师和学生,泉州的市民和干部都来听讲,可以说是学界、政界的一段佳话。泉州有着很深的历史文化底蕴,包括各种文化的交融,希望泉州与华侨大学借国家打造"21世纪海上丝绸之路"之机,发挥地缘优势,将讲堂办得更好。我们也希望进一步加强与高校、与地方的合作,共同成就一段新的佳话。谢谢大家!

张禹东

主持人、华侨大学副校长

我们这次做了一些准备。大家手里有一套书,是2009年到2013年的5本,还有一个为华大讲堂五周年专门设计的8分钟的专题片。此外,我们根据每一位演讲嘉宾在"华大讲堂"演讲的场景专门定制了一个个性化的瓷盘,还制作了嘉宾演讲的视频录像留作纪念。下面进行颁发仪式。

(……)

下面进行自由发言,请与会的各位专家学者和领导嘉宾发表自己的看法。运作五年多来,大家有很多的肯定,但我们现在其实也收到了一些建议和意见,包括也有一些纠结。比如,社长说这是一个精英讲座,我们现在一直用"高端"这个定位,也碰到一些麻烦,比如说有人反映咱们这个讲堂内容基本上是时政类,经济、政治、社会类,人文类的少了一些,怎么掌握?我们把它作为两个单位党委中心组的学习平台,所以如果品三国讲红楼,行不行?这是一个怎么把握的问题了。讲堂的定位高端,对于嘉宾的选择也是根据这个定位来的。今后怎么发展,我们也有小小的困惑,希望大家也建言献策一下,请大家自由发言,对大学的发展、对城市的发展,怎么样发挥讲堂的作用。

蔡 昉

"华大讲堂"第1讲、第20讲主讲嘉宾,中国社会科学院副院长

五年前我跟丘校长启动的"华大讲堂",我今天争取第一个发言。

我首先祝贺"华大讲堂"能够成功地举办五年,然后专门到北京来,在国侨办领导在场的情况下纪念这个日子,说明我们还是要把它作为一个品牌继续办下去,而且越办越好。

我也没有别的可以说,大家都说教学相长,因为我去讲过两次,我对它感情比较深。我是一个研究型的研究人员,也就是说我讲课本来就非常少,我做讲座非常少,但我能够有幸去这个讲座系列讲了两次。也有人告诉我,我还在一个讲座系列中排在第一名,就是中央政治局的集体学习,没有人讲过四次,我讲过三次。

我觉得,我两次去泉州,都特别有收获。第一次我们开启这个讲堂的时候我们正遭遇金融危机,到了泉州我们也看了一些地方,和当地的领导还有一些企业家也聊过。当时我就发现在深圳大规模的农民工返乡失业的时候,泉州没有这个现象,泉州还有招工难现象。我后来回来查了,相距二百公里而已就完全不一样。当时也刺激我作了一些思考,我们就这个现象做了一些更宏观的研究,后来我还为这个写了一篇文章,就叫作《双城记》,就是讲深圳这边作为一个点,泉州作为一个点。这是第一次的收获。

第二次去,我们也看了一些地方,看了海上交通史博物馆,比较有意思的是一个地方有一个解放军庙。因为我们福建庙多,但天底下唯一一个解放军庙在这儿,只有这一家。我觉得挺受感动的,其实就是因为解放军在早期的时候,在敌机轰炸时救了当地的人。我回去之后在一个微博,一共没多少字,我就写了这个小故事,结果大家就评论这个微博，好多人在骂，说你知道那些解放军到底干了什么事？他们的动机是什么？现在一些年轻人脑子里怀疑一切，就是说他们脑子里既没有我们过去那种传统优良的价值观，也没有我们现在弘扬的主流社会主义核心价值观，就是说本来是一件很感人的事，但是他们不相信。

所以我就觉得我们教育年轻人其实非常重要。我们这个讲堂也是市委市政府中心组学习的讲堂，但是它主要面对的还是华大的年轻人、大学生，所以我们教育学生非常重要。此外，我们中国哲学社会科学工作者重要的课题就是总结好中国经验，讲好中国的故事。其中我们也需要给外国人讲，也需要给我们的同行讲，但是我觉得第一步最重要的就是给年轻人讲，给青年学生讲。所以我觉得我赞成谢社长的意见，就是说我们保持现在的这个风格，可以提高它的可听性，增加一点趣味性，别太抽象，别太学术化。当然，我们欣赏《红楼梦》，欣赏《雷雨》，另开一个附属的讲座也可以，但是我们这个讲座系列着眼于讲好中国故事。我们这30多年走过的道路，或者更久远一些，六七十年走过的道路，或者五十年、上百年走过的道路，我们着重讲这些东西，在理论上有所提升，但是也更加喜闻乐见，让听众愿意听。

丘 进

华侨大学原校长

五年前，我刚刚调到华侨大学去工作，在第一次拜会市领导的时候，我就明确地提出来华侨大学能不能办个讲堂，把这个宗旨提出来了，市领导非常支持。经过一段时间筹备，就办起来了，没想到办得这么

"华大讲堂"五周年座谈会发言实录

快,办得这么好,五周年了。

今天抓紧这一点时间,我想讲自己的一点意见,我们搞社会科学的,往往就是喜欢批判,因为社会科学如果不批判就没有社会性。所以我想讲几点个人的意见。

我想从中国的高等教育来看华大讲堂,我觉得中国大学的使命,其实不管是中国还是外国,无非是传承知识、创新知识和服务社会,任何大学都不可能包罗万象,只能说不同的大学有不同的定位和特色。从这个意义上说,大学应该在社会发展的潮流中,不断地经过洗刷磨砺,最后形成自己的个性。

在新的形势下,华侨大学应该在为侨服务这个基础上,继承人类的优秀文明,创新技术和知识,为地方和国家建设发展服务,这样华侨大学才能走出一片新的天地。在这一点上,华侨大学和泉州市的领导,在华大讲堂和其他的教学科研方面,还是做了很多的探索。这45期讲堂对华侨大学、对福建省以及对国家的经济、文化、社会发展,起到了积极作用。也正是如此,才能更好地形成华侨大学的办学特色。

我在这里真诚地感谢各位专家学者和领导,你们的授课不仅给华侨大学师生和地方官员带来了新知识、新思想和新启发,而且你们这种姿态为华侨大学这种不是"211"更不是"985"的学校,提升了社会知名度和我们的贡献度,这是我们要真诚感谢的。

我认为中国在"211""985"的驱动之下,出现了教育的社会不公平,但是目前很难用行政的方式来改变,但是我们呼吁国家各个层面高端的学者和领导:第一,用你们的屈尊来华侨大学讲课这样一种行动,把90%以上的中国高校带动起来,带动它们的自信心,因为只有它们才是为中国培养人才的最重要的基地,这90%的学校为中国建设培养人才，而且毕业生就在中国本土服务；第二，我还希望国家在安排国际知名人士演讲的时候，不要老是到那两所学校去，都疲了，为什么不能到非"211"、非"985"学校，到华侨大学来讲一两次呢？我觉得这样可能效益会更加彰显出来。

最后，我希望下一个五年，华大讲堂能办得更好，对社会有更大的贡献。

何祚庥
"华大讲堂"第 39 讲主讲嘉宾、中国科学院院士

我刚刚听丘校长讲了一个问题，就是华侨大学需要带头，不仅给海外的华侨服务，也要为侨乡服务，把侨乡的基础巩固了，海外华侨的地位就相应提高了，所以理念是很重要的。

今天是华大讲堂五周年座谈会，华大讲堂讲的都是经济、政治、人文方面的东西，讲到自然科学的不多，我并不是赞成"华大讲堂"办成自然科学讲堂，并不是这个意思，但是应该办成一个为福建省、为中国寻求发展路线的讲堂，我讲的发展路线是技术路线。现在我觉得在发展的问题上，已注意到体制，注意到开发，注意到和国外的关系，但是有一个大问题，没有注意到发展的技术路线。我选择什么样的生产力，生产力最主要的技术是什么，这也不完全是针对华侨大学，整个国家对这个问题都关注不够。

1958 年"大跃进"怎么样？我认为"大跃进"的总路线没有错，

鼓足干劲、力争上游、多快好省地建设社会主义，你说这个错了？这个没有错。发展的路线也没有错，工业以钢为纲，农业以粮为纲，这些都没错，但问题是技术选错了。工业以钢为纲选的是"小土群"，农业搞的是"亩产十万斤"，技术很多都是错的，毛病出在这里。我们现在似乎还有类似的问题，当然现在比较好了，有后发优势、比较优势。学人家的东西，人家好的东西我们搬过来，但是只搬人家的东西，不根据自己的特点、自己的情况、自己的特殊性，找一条新的路线，还是不可能超过人家的，必须根据地区特点发展。我们国家太大了，比如我到福建省讲，福建省的情况和新疆大不一样，福建省怎么发展？有侨乡的特点，另外很多人该去干什么？关键是这个问题，发展什么干什么。我去的时候，送了一个建议，福建省应该大力发展抽水储能电站。什么叫作抽水储能电站？就是水可以循环利用，发电站是水能电站，水能电站用完了就完了，不能再发电了，抽水储能电站就是不断抽水发电。用什么抽水呢？风能、太阳能，基本就是这样，我们现在的风能成本已经低得很低了，两毛钱一度电，很多人不知道，因为风能发的电价格很高，为什么高呢？是高在上网，价格就加了一倍，应该拿来抽水，发电就用普通的水能发电机，为什么需要发展这个东西？风能和太阳能都是直流电，我可以不用变成交流电直接抽水，用风能太阳能不断地抽水。我看了一下福建的地形，福建的面积12万平方公里，"八山一水一分田"，"一分田"就是12000平方公里，还有10万平方公里用来干什么？如果做抽水储能电站，我跟水利界的一些朋友谈过，他们都说福建省至少可以做两亿千瓦的抽水储能电站，风能抽水，因为你们的风能不错，太阳能也不错，太阳能没有西北好，但是福建的夏天是很热的，也不会太差，这样配合起来，华东地区的能源问题就解决了。这一类的发展模式，我呼吁我们在座搞社会科学的专家，不要眼睛只看体制，要看干什么？比如说现在的城镇化，我赞成城镇化，我就问一个问题，你把农民弄到城里来干什么？没有给他活干，这个城镇化是空的。福建省多的是丘陵地区，如果做了抽水储能电站的话，这就太有事情干了。我就希望在座的同志们研究发展是硬道理的时候，不是眼睛只看体制，还要看这个技术路线，选择什么样的生产力大有讲究，如果选择得好，我们会快一点，选择得不好，就慢一点。

侨办也在这里，我替他们呼吁一件事情。因为前一次我听了习近平在国家创新问题上的一个讲话，他说国家要选几个省或者几个区作为战略创新的试点，也就是讨论怎样实践发展战略。我建议你们如果能得到中央的支持，我认为福建省的区域特点很强，侨办支持福建省首先成为战略创新的试点之一，我觉得这个事情华大讲堂做得很好。

王怀超

"华大讲堂"第 8 讲主讲嘉宾、中央党校副教育长

因为"华大讲堂"，我第一次来泉州，知道有一个华侨大学，不知道华侨大学在泉州，孤陋寡闻了。很不错，这里很漂亮很美，这个学校底蕴也很深厚。泉州这个城市非常美，泉州是典型的江南水乡，有江南的底蕴。

全国的讲堂有很多，数不清了，各省各市各高校，但是像华侨大学能够坚持下来的不是很多，而且五年四十多讲。我刚才看了一下名单，非常不容易，因为这些人都不好请，

一个月一次不简单。中国的事历来都是开始轰轰烈烈,最后不了了之,一般第一年能够坚持,第二年还好,第三年就一般,包括评奖也是,第一次很好,第二次一般,第三次就很烂了。我觉得华大讲堂最可贵的就是坚持,五年如一日。我是第一年第八期讲的,我希望它还能坚持下去,能够再坚持五年,甚至十年,坚持下去。我数不清讲了多少次课,但是像华侨大学这么认真的第一次见,给你反馈回来,你再改,再反馈过去,这是很费劲的,没一点责任心是办不来的。希望继续坚持下去,已经是一个品牌了,再坚持下去。

至于讲的内容,我觉得可以兼容,既然是高端的平台,人文自然、社会科学各异。比如说讲讲现代化,讲讲历史,讲讲东方文明史,讲讲道德,讲讲核心价值。用不着再搞一个平台,就是这样一个平台,兼容并包,兼具各个学科各个领域,就是请各个学科顶级的人。华大学生里文科理科都有,甚至工科都有,范围更应该宽一点。在这个平台再增加一点人文内容完全可以,关键是把人请好请准,要是公认的。一是把钱找到,二是把人请来,现在钱不是问题,关键是请人,这是一个建议。

李景源

"华大讲堂"第9讲主讲嘉宾、中国社会科学院学部委员、文化研究中心主任

今天参加这个座谈会,首先感谢泉州市委市政府和华侨大学,另外也感谢社会科学文献出版社为我们提供了这样一个条件。这45讲出版后每一次给我寄的时候,我至少看一半,为什么看?我就觉得每一

讲都提出问题、分析问题、解决问题，而且讲得深入浅出，因为有学术积累，所以能够由浅入深这么来讲，读了之后特别受启发，体会很深。刚才蔡昉说讲好中国故事，我觉得这45讲也是讲活了中国故事。第三个是讲深了中国故事，都是广大党员干部、学生非常关注的一些问题。我觉得这45讲包括了四个方面：一部分是围绕时代主题来讲，刚才看了很多都是全球化背景下的方方面面，我觉得这一块非常重要；第二是突出了现实重大问题，有十七大、十八大方方面面的重大现实问题，这个也是干部群众非常关注的，有这样顶级的专家来讲，一堂课确实产生的影响非常大；第三就是弘扬人文精神这一块；第四就是富有历史内涵的。

我觉得今后我们讲座继续办下去，还会考虑时代主题、现实问题、人文精神和历史内涵这一块，我想强调一点，就是后两方面在这45讲里比较弱。时代主题方面，题目都是跟时代相联系。现实问题也都是非常棘手的，一说改革进入深水区，都是一些重大现实问题。但是现在中国很强调文化强国、科学价值体系，就是人文精神这一块，特别是中国近代以来重大的历史变故方面，这一方面的内容少。讲堂跟课堂有一个很大的不同。我们七月份到吉林去调研，很多高校反映学生不愿意听"两课"，但是，为什么我们这个讲堂就这么受欢迎，反响这么强烈？教师上课讲的"两课"，为什么没有人听？大家都很烦，认为听那个课很苦恼，我觉得很重要的一方面是，表面上看是两层皮，专业方面都讲西方的做法，两课讲马克思主义，情况就是这样。

有一次开座谈会，中国矿业大学的一个书记讲了两句话，我深受触动。他说现在最好的东西是马克思主义，最坏的东西也是马克思主义，当时我一听就很惊讶，后来一想讲得非常好。因为毛主席在延安的时候就讲三种马克思主义，就是我们要活的，不要死的；要香的，不要臭的；要具体的马克思主义，不要抽象的马克思主义。前三种都是最好的东西，后三种变成了最坏的东西。所以我觉得我们这个讲堂真正贯彻了毛主席的精神，真正把活的、香的、具体的、真实的、起作用的马克思主义都讲活了，这一点确实是非常好。

后来我们到吉林大学，有一个长白山讲坛，反响也很好，后来我问了一些去那边讲过的人，我一看这些讲的人就明白了。这些人讲马克思主义的时候，讲方方面面现实问题的时候，都是把自己深刻的体验、那种人文的精神和历史的内涵都贯穿在讲座当中，效果就非常好。

所以我觉得我们再经过五年，我有信心，泉州市委市政府和华侨大学，包括社会科学文献出版社，见证了这个讲堂从始至终就贯彻了两个字——认真。这件事不做则已，做就要做好，做得漂亮，从头至尾从来没有懈怠，这一点最值得赞扬。

在今后举办的过程中，包括近现代史、人文、文学名著方方面面都是可以的。习近平多次讲过，领导干部要学一点文史知识，文史知识表面上是文史知识，但文史知识讲好讲透以后，就是在讲世界观、价值观、人生观。这一次北戴河会议，我去发言的时候，我的题目就是《让人文学科的发展成就中国的未来》。西方从中世纪之后，所有的文史学者表面上都宣传神学，实际上它是解构神学，到最后发展成文艺复兴解放人，整体是这样一个潮流。中国从宋代之后也是这样，特别是近代，就是这一百年来，整个的文学使命就是解构宗教，起着很重要的作用。当时梁启超他们提出宗教救国论，认为中国之所以不行，一盘散沙，汉奸这么多，就是因为没有宗教，他就提出来宗教救国论，但是绝大多数的学者不赞同。我们发展人文学科，对于整个思想精神领域，包括价值观的建构起着非常重要的作用。

龚维斌
"华大讲堂"第29讲主讲嘉宾、国家行政学院应急管理培训中心主任

参加这个座谈会很高兴，首先感谢主办方邀请我去作讲座和邀请我来参加会议，对我来讲是很大的荣誉。我是第29讲讲的，在我之前，很多都是我的老师，还有学界的泰斗，所以能够位列其中，感到非常荣幸，也要祝贺华大讲堂。刚才几位老师讲坚持不懈办下来，而且办得高端大气上档次，我觉得这里最大的一个特点是执着，坚持不懈当中透着一种韧劲和执着的精神。

当时叫我去讲的时候是2012年，两年前五月份，我当时正在晋江调研，张校长亲自到晋江去找我，请我讲课，把时间敲定了。校长放下架子给我提供一个平台，所以非常感谢他们这样一种执着的精神。讲完以后，反反复复和我交流讲稿修改，正是因为这种执着、韧劲、坚持、认真，才赢得了这么好的声誉。

办这个讲堂，我认为它最大的不同是把高校和市委中心组织学习两者结合起来，这是一个特点，也是它办这个讲堂的一个难点。一方面，我们需要照顾青年学生的教育培养，他们长期的价值观的形成、能力素质的训练；另一方面，还需要考虑领导干部中心组学习，特别是政策、发展思路，能够直接解疑释惑、指点迷津，这两者要统一起

"华大讲堂"五周年座谈会发言实录

来确实很难。

因为我在国家行政学院工作,我们比较擅长和领导打交道,讲课问题不是太大,但是对我们来讲,到高校来讲也是一种挑战。反过来讲,我们"华大讲堂"把这两者结合起来对主办者来说是很大的挑战。但是不管怎么说,回顾这45讲,大家能够坚持下来,而且得到当地政府和学生的欢迎,我觉得这里面一定有很多经验可以总结。所以我觉得今后还可以总结一下好的做法,比如说选题,比如说人,好的选题不一定有合适的人选,同样的题目不同的人讲效果不一样,同样的题目从不同的角度来讲效果也不一样。我们也办学办班,我们多次请何院士到国家行政学院讲,讲国家发展战略,最后总是要讲反邪教,我印象特别深。这么多年来,同样一个题目,选人的过程中,要效果好的话,中间还需要不断地跟老师沟通,这个题目前面谁讲了什么东西,这些东西不要再讲,这个题目应该从哪个角度讲,你提出你的需求,让他去把握。

这45期办下来,这两者确实有难度,它受到欢迎,肯定有一些独门秘诀在里面,需要好好总结,把这些东西坚持下来。一个讲堂不可能解决所有问题,也不要把目标搞得太宏伟,要有特色,权衡利弊,如果既要兼顾这个,又要兼顾那个,这样肯定不行,要不断总结成功的经验,形成特色,才能够可持续发展,这是我的想法。

我那一次去了以后,也是初步对华侨大学有一些了解。从1996年开始就到福建和老师们一起调研,特别是晋江,去了很多次,对于晋江文化、闽南文化有所了解。确实它是海上丝绸之路的起点,是万国宗教博览会,各种宗教在那里会集,曾经我还写过一篇小文章是晋江地方文化和经济发展的关系,作过一些梳理。我想我们这些外来的讲者如果能够事先对当地的经济社会发展、历史文化作一些研究,这样讲的东西才能对当地的发展更有针对性、对本地的学生启发更大一些,因为只有针对他们的需求,了解他们的一些特点,讲的东西才更受欢迎。现在一般你有什么或者说你研究什么,很多人知道得很多,但是有的不一定是这些学生和领导干部需要的,因为有一些东西不一定和当地能够挂上钩,所以要提高针对性,首先应该对当地的情况作一些了解,比如说我们主办方主动提供一些材料,主动介绍一些情况。

另外,我觉得华侨大学的办学理念有两点和我们行政学院搞培训办学有相似的地方,华侨大学是面向华侨、面向海外比较独特的人群。这些年,我们国家发展的经验、发展的成绩对于外国——无论是发展中国家还是发达国家都很有影响,特别是第三世界(拉美、非洲国家)对我们的成就经验非常赞赏,它们对中国的基本情况、发展道路都非常感兴趣。我上次去华侨大学了解到,我们有海外的侨胞子女在华侨大学学习,有的是搞培训。我从此就在想,因为我们是短期培训,你们是长期培养,在这方面,我想是不是能够把这个讲堂的一些东西延伸一下,能够从海外的视角看中国,引入一些放到我们的讲堂,既传播了中国的声音,传播了中国的经验,同时也拉近了我们的距离。我看了这45讲,这方面的东西少了一点,因为我们本身有这方面的需求,还有这方面的优势。

第二个建议,跟我现在的工作有一点关系。2013年12月,初学院把我调整到另外一个部门,我到了应急管理培训中心,也叫中欧应

急管理学院,两个名称,我既是主任,也是院长。我到了这儿以后就感觉到现在我们国家的应急管理培训非常有市场,有迫切的需求。因为我们发展到这样一个阶段,国内的经济要转型升级,有大量的矛盾,无论是自然灾害、事故灾难,还是公共卫生、社会群体性事件;国际上也有很多需求,跟外交有关系,如企业要走出去,怎么保护?我们要从管理、从理念、从体制上,从一些基本理论方面入手,我觉得这一方面还需要给学生更强烈的刺激或冲击,让他们去关心这种事情。我在这七八个月感觉到这方面的需求非常多。借这个机会,在"华大讲堂"五周年后,再进一步拓展思路、拓展领域,进一步挖掘好的经验坚持下去,衷心地祝愿华大讲堂越办越好!

魏后凯

"华大讲堂"第38讲主讲嘉宾、中国社会科学院城市发展与环境研究所副所长

感谢华侨大学,我去过很多讲堂,好多省的讲堂我都讲过,大学也有,市的讲堂也有,还有一些书院的,我觉得"华大讲堂"是一个很有影响的讲堂。我们办了五年了,45讲,下一步要坚持下去,再继续往前走,我觉得这个难度越来越大。我们要往哪儿走?我们看到这个小册子上面也讲了,这是一个公益性高端学术文化讲坛,我们这个讲堂最大的特点是大学和地级市中心组两边结合起来。我们的讲堂很多,但大多是地方办的,省、市、县、新区,以组织部门、宣传部门办的比较多。

第二个是大学跟科研机构办的讲堂，我们恰恰是把这两个结合起来了，我觉得很有特点，我觉得这个定位很好，是一个公益性高端文化讲堂。我觉得这个定位的内容应该是很广泛的，讲了很多学科，是不是要讲一些伦理、历史、科学技术知识，我觉得只要符合我们这个定位、符合我们这个宗旨都是可以讲的，很多方面很多领域，只要对我们有用，我觉得都是可以讲的。我看了一下45讲的内容，我发现各个领域的都有，社会发展、改革，这些领域下一步可以细分，某些名家也可以就某一个学说、思想、观念讲一讲，只要符合我们的定位，更多地强调思想观点，选题是可以不断深化的。

第三点，我个人的看法，可能需要把前沿思想与我们华大讲堂的特色结合起来，要有地方特色，我们在福建泉州，有文化底蕴，像我住的那个地方，那个街道就有文化底蕴。我们华侨大学有大量华侨，我们倡导的是现代文化的融合，我觉得这是我们的特色，前沿的思想要和地方的特色结合起来。

第四点，我觉得现在"华大讲堂"可能还是一个泉州的讲堂，下一步应该要走向国际化，应该成为一个世界性的品牌。中国华侨范围很广、影响很大，包括东南亚、欧洲、美洲，到处都是我们的华侨，"华大讲堂"现在是全国有影响的品牌，下一步是不是应该演进成为世界性有影响的品牌。我们的主讲人现在主要是国内的，下一步我们的主讲人是不是可以从海外请来，有一些海外学者对中国问题是有研究的，对华侨问题有研究的其他相关学者，也可以适当请一些这样的人，还有像海外的宣传，向国际化做一些工作。

何亚非
"华大讲堂"第36讲主讲嘉宾、国务院侨务办公室副主任

非常荣幸能够参与这个项目,作为一个参与者谈一下体会,我很赞同王老师讲的贵在坚持,能够办五年下来,还是这么高水平有质量的讲堂,我还没发现过,确实还没有,也衷心地希望这个讲堂能够坚持下去。

第二个,刚才很多老师讲到选题选得比较准,都跟上了时代的脉搏,确实是中央想的那些问题,也是国内老百姓和政府关心的问题议题,抓得比较准,这个也要坚持下去。抓住问题的同时,选人选得也好,除了我以外,其他选得都非常好,都是选的顶级的专家学者,是难请。但是华侨大学有诚意,今天做的这些瓷盘能看到他们用心良苦,虽然说瓷盘也没花多少钱,现在有八项规定也不能花太多钱,但是用心良苦,想得很周到,去讲的人感到心里很温暖,这个也需要坚持下去。

最后一个,是一个品牌,"华大讲堂"确实已经成为一个品牌,我赞成有一位同人讲的,除了华侨大学以外,省里也需要把它办成一个全国性的平台。适当的时候请一些海外的学者、研究人员来讲讲也未尝不可,或许观点跟我们不一样,听听别人的观点也可以,有所借鉴,甚至有一点创新。比如说两个人对话的形式,因为最近我看了一本中美关系的书,是一个美国学者编的,是一个中译本,他就是选了中美关系的十个问题,请了20个专家,中美一个问题两个专家,一个美国人和一个中国人对话,你看到观点很鲜明,你读了以后很有启迪,毕竟比看一方面的观点要强得多，我觉得这是一个很好的建议，适当考虑请一些其他人士。泉州市委市政府也发挥了很重要的作用，他们也是在背后积极地支持，请了很多人，对他们也表示感谢，希望这个讲堂能够越办越好，越办越兴旺，不仅是华侨大学的需要，也是我们国家的需要。

张禹东
主持人、华侨大学副校长

作为主持人，我还是要多说两句，刚才各位嘉宾都提了很多这方面的建议，包括前面几位领导的致辞，一方面看到了肯定的方面，就像刚才说的，我们原来坚持的高端性，刚才有一个教授说是高大上。现在就是定位坚持的问题，怎样根据新的需要，逐步进行调整，大家也有很好的建议，进一步拓展，同时期待今后的完善和发展，包括刚才提到了选人选题。其实五年多来，这个问题也很辛苦艰难，也有一些单位主动推荐，可是我们并不想让他来讲，真出现了这个问题，我们觉得和我们的定位有一些差距，而且有的研究好但不一定演讲好。

所以我们对专家学者的选择有一点挑剔，但是刚才几位也提到一个问题，也是我们今后面临的一个很大的挑战。五年多坚持下来了，还要再坚持五年多，难度越来越大，我们总是坚持尽量不重复，除了蔡昉，让你去讲两三讲也没有问题，但是要考虑尽量不重复。今后专家学者的拓展视野更大，包括刚才何主任说的往境外找，我们这儿有三个来自境外，两个是香港人，一个丁学良，一个做董建华顾问的叶国华，还有一个是泉州市请来的汤锦台，我们专门请他讲闽南文化。

今后可以考虑进一步拓展海外学者，包括何主任讲的形式可以更

活泼一点,如对话形式。在座的几位专家学者已经在这45名学者当中,还有一些没有来,你们也不是一次讲完就没事了,我们也希望通过你们推荐相关的学者到这个讲堂,你们更了解华大讲堂的定位,所以我们以后可能会主动打扰你们,请你们推荐相关的学者。

我要特别说明一下,有的专家学者让人很感动。我们要求讲座时间只能在当天的下午。因为考虑到学生要来听,所以我们一般不安排上午,这个时间比较挑剔,而且时间是定时的,某天的工作日下午,三点到五点,所以专家们都要提前一天去,第二天讲到五点,然后直奔机场,有一些晚饭都没有吃,他们坐到北京八点左右的航班,如果碰到晚点,凌晨才能到家,有的都到两三点。所以我们特别感谢这些专家专程来讲,基本上大家都是这样,所以我们也跟这四十几位专家结下了很深的友情,这也是泉州华侨大学一笔宝贵的财富,我们希望今后能够继续加深这种缘分。

今天的座谈会能够顺利举办也和大家的支持有关,大家都很忙,感谢能够抽空过来参加。我这里要提一下国侨办领导也很重视,两位领导出席,十多位司局长参加,体现了国侨办对这个活动的重视,我们也没想到,我们也很感动。特别是文化司为这个活动做了很多具体的指导协调工作,中午我来的时候,雷司长还提前过来看看,还有宣传司帮助我们协调了这些媒体,还有提供会场,还有社会科学文献出版社。大家都很关爱我们这个品牌,我们很感动,也是对我们的一种鞭策,我们要做得更好,我也借这个机会,代表华大讲堂的主办方向各位的倾情倾力支持表示衷心的感谢!另外,主办方的工作人员也为此做了很多准备,我们也对他们表示感谢!

相信在各位的关心、帮助和支持下,华大讲堂能够把握机遇,提高水准,提升品位,扩大影响,在品牌效应上更进一步提升。刚才有专家说能够走出国门影响世界,我想也可以期待,大家共同努力,所以让我们共同努力,共同期待。谢谢各位出席今天的座谈会!

(根据录音整理,按发言顺序排序,未经发言者审阅)

后　记

经过一段时间的紧张筹备和编辑，《华大讲堂2014》终于和读者见面了。本书是"华大讲堂"系列丛书第6辑。

本辑收录了中共中央编译局副局长俞可平、中国社会科学院工业经济研究所所长黄群慧、中国社会科学院世界宗教研究所所长卓新平、中国工程院院士金鉴明、清华大学社会科学学院院长李强、交通运输部水运科学研究院副总经济师汤震宇等6位专家的讲稿和互动环节问答，内容涵盖国家治理、经济调整、宗教文化、生态文明、依法治国、21世纪海上丝绸之路等前沿问题。此外，收录了任启亮、何亚非、李培林、蔡昉、何祚庥、王怀超、李景源、谢寿光、裴长洪、龚维斌、魏后凯、贾益民、陈庆宗、丘进、张禹东等15位嘉宾学者在"华大讲堂"五周年座谈会上的发言。

全书内容系根据录音整理而成，保留了口语化深入浅出的表述方式，专家的思想和见解娓娓道来，让人犹如亲临讲堂。通过每场报告会上互动环节的内容，再现专家与现场听众的智慧交流、思想碰撞，能让大家一窥专家学者的风采和魅力，激发思考，启迪思维。同时，以文字实录的形式，还原"华大讲堂"五周年座谈会热烈讨论的现场，记录嘉宾学者们提出的真知灼见。

本书能够顺利出版，首先得益于各位专家学者于百忙中拨冗审稿并授权；其次是得到社会科学文献出版社社长谢寿光教授的鼎力支持和宝贵指导，社会政法分社社长王绯和责任编辑曹长香尤付心力；泉州市和华侨大学的领导提供了大力支持，华侨大学党委宣传部的工作人员为文稿的录制整理、编排校订付出大量辛劳。谨此向他们致以最诚挚的谢意。

此外，还要向一直以来关心和支持"华大讲堂"建设的各级领导、专家学者、干部师生、听众网友、新闻媒体等社会各界人士表示衷心感谢并致以诚挚问候。

需要说明的是，本书的稿件是根据录音整理而成，从口语到书面语言转化的过程，难免存在疏漏和错谬之处，祈望读者海涵赐谅并予批评指正。

期待今后有更多旳人能够走进"华大讲堂",愿读者能够喜欢本书并有所收获。

编 者

2015 年 4 月

图书在版编目（CIP）数据

华大讲堂. 2014 / 陈庆宗，张禹东，曾路主编. —北京：社会科学文献出版社，2015.10
 ISBN 978-7-5097-7701-5

Ⅰ.①华… Ⅱ.①陈… ②张… ③曾… Ⅲ.①社会科学－文集 Ⅳ.①C53

中国版本图书馆CIP数据核字（2015）第147268号

华大讲堂2014

主　　编 / 陈庆宗　张禹东　曾　路
副 主 编 / 赵小波　王松柏

出 版 人 / 谢寿光
项目统筹 / 王　绯
责任编辑 / 曹长香

出　　版 / 社会科学文献出版社·社会政法分社（010）59367156
　　　　　　地址：北京市北三环中路甲29号院华龙大厦　邮编：100029
　　　　　　网址：www.ssap.com.cn
发　　行 / 市场营销中心（010）59367081　59367090
　　　　　　读者服务中心（010）59367028
印　　装 / 北京季蜂印刷有限公司
规　　格 / 开　本：787mm×1092mm　1/16
　　　　　　印　张：16.125　插　页：0.625　字　数：183千字
版　　次 / 2015年10月第1版　2015年10月第1次印刷
书　　号 / ISBN 978-7-5097-7701-5
定　　价 / 65.00元

本书如有破损、缺页、装订错误，请与本社读者服务中心联系更换
▲ 版权所有 翻印必究